VOTRE **PASSE-PARTOUT** VERS LES **richesses**

Adresse municipale :
Les éditions Un monde différent
3905, rue Isabelle, bureau 101
Brossard (Québec) Canada
J4Y 2R2
Tél. : 450 656-2660 ou 1 800 443-2582
Téléc. : 450 659-9328
Site Internet : www.umd.ca
Courriel : info@umd.ca

Adresse postale :
Les éditions Un monde différent
C.P. 51546
Succ. Galeries Taschereau
Greenfield Park (Québec)
J4V 3N8

Cet ouvrage a été publié en langue anglaise sous le titre original :
MASTER KEY TO RICHES
Revised edition (the Work)

Dépôts légaux : 1er trimestre 2011
Bibliothèque nationale du Québec
Bibliothèque nationale du Canada
Bibliothèque nationale de France

Conception graphique de la couverture :
OLIVIER LASSER et AMÉLIE BARRETTE

Version française :
JEAN-PIERRE MANSEAU

Photocomposition et mise en pages :
ANDRÉA JOSEPH [pagexpress@videotron.ca]

ISBN 978-2-89225-734-2

Nous reconnaissons l'aide financière du gouvernement du Canada par l'entremise du Fonds du livre du Canada (FLC) pour nos activités d'édition.

Gouvernement du Québec – Programme de crédit d'impôt pour l'édition de livres – Gestion SODEC.

Gouvernement du Québec – Programme d'aide à l'édition de la SODEC.

IMPRIMÉ AU CANADA

Napoleon Hill

VOTRE PASSE-PARTOUT VERS LES richesses

Lisez et devenez riche,
riche de cette richesse
immatérielle que l'argent
ne peut acheter

UN MONDE DIFFÉRENT

Table des matières

Avant-propos

« Je lègue au peuple américain l'essentiel de ma fortune, cette philosophie de la réussite personnelle grâce à laquelle j'ai connu l'abondance des richesses... »

Ainsi commence le testament d'Andrew Carnegie. Ainsi commence une histoire qui peut marquer un point tournant dans la vie de ceux et de celles qui l'ont lue.

Cette histoire commence à la fin de l'automne 1908. Ce jour-là, Andrew Carnegie vint me voir, pour me témoigner sa considération pour la valeur de mon jugement et pour mon intégrité, et me confia ce qu'il appelait « l'essentiel » de sa vaste fortune, afin que je la transmette au peuple américain.

La présente histoire fut écrite *pour vous mettre au courant de votre droit à cette immense fortune*, et pour vous donner les conditions à respecter pour faire valoir pleinement ce droit.

Ces conditions ne sont pas impossibles à remplir, loin de là; elles ne sont pas réservées à une petite minorité. Elles sont à la portée de tout adulte d'intelligence moyenne. Point de mensonges ici, ni de mirages; cette promesse et ces conditions sont réelles.

Pour vous permettre de savoir si, oui ou non, vous trouverez ici la réponse à vos besoins et à vos désirs, je vais vous dire exactement quelle est cette promesse :

- Une description détaillée de la formule qui vous permettra de tirer le maximum de profit de *Votre Passe-Partout vers les Richesses*, ce passe-partout qui vous donnera accès à la solution de tous vos problèmes, et qui vous permettra ainsi de transformer vos échecs passés en atouts précieux et d'atteindre aux douze richesses, dont la sécurité matérielle.
- L'inventaire des richesses léguées par Andrew Carnegie à tous ceux qui méritent de les recevoir, ainsi que des instructions détaillées sur la façon d'acquérir votre part et de l'exploiter.
- La description des moyens par lesquels vous pourrez tirer le maximum de profit de l'éducation, de l'expérience et des qualifications de ceux dont vous avez besoin pour atteindre vos buts principaux dans l'existence. Vous pourrez ainsi compenser le handicap d'une instruction inadéquate et connaître autant de succès dans vos plus grandes entreprises que ceux qui ont eu la chance de faire des études.
- La chance de bénéficier de la philosophie de la réussite nourrie de l'expérience, des succès et des revers de centaines d'hommes éminents.
- Un plan précis qui permet à tout salarié d'obtenir un revenu plus élevé *avec l'aide et l'accord entiers de son employeur.*

- Un plan précis grâce auquel toute personne travaillant comme employé peut se lancer en affaires en ayant des chances accrues de succès.
- Un plan précis qui permet à tout homme d'affaires de s'assurer de la fidélité de ses clients et d'obtenir qu'ils lui amènent d'autres clients tout aussi fidèles.
- Un plan précis qui permet à toute personne vendant des produits utiles ou des services tels que de l'assurance, de transformer ses clients en collaborateurs prêts à lui trouver de nouveaux clients.
- Un plan précis grâce auquel tout employeur peut faire de ses employés ses amis, créant ainsi les conditions qui lui permettront de faire plus de bénéfices qui seront profitables autant à lui qu'à ses employés.

Voilà donc, en toutes lettres, quelles sont nos promesses. La première chose à faire est de lire ce livre *deux fois*, page après page, et *de bien réfléchir à tout ce que vous lisez*. Qu'une chose soit bien claire dès le départ : lorsque nous parlons de « richesses », nous pensons à *toutes les richesses*, et non seulement à celles d'un compte en banque ou aux possessions matérielles.

Nous pensons ici aux richesses de la liberté individuelle et collective, dont nous jouissons plus que toute autre nation. Nous pensons aussi à la richesse des relations individuelles grâce auxquelles tout citoyen américain peut exercer pleinement son esprit d'initiative dans les domaines qu'il choisit. Ainsi, lorsque nous parlons des « richesses », nous avons à l'esprit cette abondance de vie partout offerte en Amérique et facile d'accès avec un minimum d'efforts.

Comprenez bien, cependant, que nous n'offririons aucun conseil quant à la nature des richesses que vous devriez rechercher et à leur importance. La vie en Amérique offre, par bonheur, toutes les richesses en abondance; leur qualité et leur quantité sont telles qu'elles peuvent combler tout désir raisonnable. Nous espérons vivement que chaque lecteur fera tout en son pouvoir pour obtenir sa part, celle que l'argent peut acheter, *mais surtout celle que l'argent est incapable d'acheter* !

Nous ne dirons à personne comment vivre sa vie, mais nous savons, après avoir observé riches et pauvres en Amérique, que les biens matériels n'assurent pas le bonheur.

Nous n'avons jamais rencontré de personne vraiment heureuse qui ne se soit mise, d'une façon ou d'une autre, au service des autres. Et nous connaissons beaucoup de gens riches en possessions matérielles qui n'ont pas trouvé le bonheur.

Nous ne voulons pas être moralisateurs, mais nous voulons réveiller ceux qui tiennent pour acquise la grande abondance de richesses matérielles de l'Amérique, et qui ont oublié ces biens inestimables de la vie que l'on n'acquiert que grâce aux richesses immatérielles dont nous avons parlé.

Napoleon Hill

1

Les douze richesses de la vie

Vous partagez avec les autres hommes, j'en suis certain, ce désir bien humain d'obtenir les meilleures choses de la vie. Vous aspirez à la sécurité matérielle que seul l'argent peut assurer. Vous recherchez peut-être un domaine dans lequel vous pouvez faire valoir vos talents afin que vous puissiez découvrir la joie de créer vos propres richesses.

Certains recherchent la voie facile vers les richesses : ils espèrent les trouver sans rien offrir en retour. C'est un désir malheureusement bien répandu, mais j'espère le modifier dans votre propre intérêt, l'expérience m'ayant appris que l'on n'obtient jamais rien pour rien.

Il n'existe qu'une voie certaine vers les richesses : seuls l'atteignent ceux qui possèdent le passe-partout vers les richesses. Ce passe-partout est un instrument merveilleux qui permet à ses possesseurs d'accéder à la solution de leurs problèmes.

Il ouvre la porte de la santé.

Il ouvre la porte de l'amour.

Il ouvre la porte de l'amitié, car il découvre les traits de personnalité, de caractère, qui assurent des amitiés durables.

Il révèle comment les malheurs, les échecs, les déceptions, les erreurs de jugement et les défaites passées peuvent être transformées en richesses d'une valeur inestimable.

Il ranime les espoirs oubliés de ceux qui le possèdent; il révèle la formule grâce à laquelle on peut se brancher sur l'immense réservoir de l'Intelligence Infinie.

Il élève les humbles, leur fait connaître la puissance, la gloire et la fortune.

Il arrête les aiguilles du temps et rend à ceux qui avaient trop tôt vieilli l'esprit de la jeunesse.

Il vous fournit la méthode qui vous permettra de dominer votre esprit et de vous assurer, par conséquent, le contrôle absolu de vos émotions et la puissance de la pensée.

Il compense le handicap de ceux qui n'ont pas bénéficié d'une instruction complète et les place presque à égalité avec ceux qui ont eu la chance d'en avoir une meilleure.

Il ouvre enfin, une à une, les portes des douze richesses de la vie dont nous allons bientôt parler.

Nul homme ne peut entendre ce qu'il n'est pas prêt à entendre. Pour être prêt, il faut quelques conditions parmi lesquelles se trouvent la sincérité des intentions, l'humilité du coeur, et la pleine reconnaissance de cette vérité : aucun être humain ne peut tout savoir. Je vais vous présenter les faits et vous exposer quelques principes, dont certains vous sont peut-être inconnus, car seuls ceux qui se sont préparés à recevoir le passe-partout les connaissent.

Vos deux moi

Avant de vous présenter les douze richesses, je vais vous en révéler d'autres que vous possédez déjà et dont vous n'êtes peut-être pas conscient.

Tout d'abord, je voudrais que vous admettiez que vous possédez diverses personnalités alors même que vous n'en percevez qu'une. Vous, comme tout être humain, possédez au moins deux personnalités distinctes et nombre d'entre nous en possédons davantage.

Il y a ce moi que vous reconnaissez, lorsque vous vous regardez dans un miroir. C'est votre moi physique. Mais ce n'est là que la demeure qui abrite vos autres moi. Il y a, dans cette demeure, au moins deux individus qui sont éternellement en conflit entre eux.

Le premier est comme un être *négatif* qui pense, agit et vit dans une atmosphère de doute, de peur, de pauvreté et de mauvaise santé. Ce moi négatif s'attend toujours à l'échec et il est en cela rarement déçu. Il se nourrit des aspects les plus tristes de l'existence, ces aspects que vous voulez rejeter mais que vous croyez devoir accepter, la pauvreté, la cupidité, la superstition, la peur, le doute, l'inquiétude et la maladie.

Votre « autre moi » est comme un être *positif*, aux pensées dynamiques tournées vers la richesse, la santé, l'amour et l'amitié, la réussite, la créativité, le service à autrui, et qui vous guide sans faillir vers la réalisation de ces bienfaits. Seul ce moi est capable de reconnaître les douze richesses et d'en jouir. Ce n'est que ce moi qui peut recevoir le passe-partout.

Vous possédez bien d'autres précieux atouts, dont vous n'êtes peut-être pas conscient, ce sont ces richesses cachées que vous n'avez ni reconnues ni exploitées. Parmi elles, il y a ce que nous pourrions appeler votre « centre vibratoire », une sorte de station émettrice et réceptrice d'une merveilleuse sensibilité, réglée sur votre entourage et sur l'univers qui vous entoure. Cette puissante station émet vos pensées et vos sentiments et reçoit sans cesse une multitude de messages d'une importance capitale pour votre réussite dans la vie. Il s'agit là d'un système de communication toujours prêt à fonctionner et d'une puissance infinie.

Cette station de radio fonctionne automatiquement, en permanence, que vous dormiez ou que vous soyez éveillé. Elle est sans cesse sous le contrôle de l'une ou de l'autre de vos deux personnalités principales, la négative et la positive.

Lorsque votre personnalité négative contrôle, votre impressionnable système de réception n'enregistre que les messages négatifs d'innombrables personnalités négatives. Ceci amène tout naturellement des pensées du type : « À quoi bon ? Je n'ai pas l'ombre d'une chance »; ce n'est peut-être pas exprimé exactement en ces termes, mais cela décourage votre confiance en vous, quand cela ne lui porte pas un coup fatal, et réduit l'énergie qu'il vous faut pour atteindre vos objectifs. Si vous les acceptez et vous vous en servez comme guides, les messages négatifs reçus lorsque votre personnalité négative contrôle votre station de réception vous font invariablement connaître des situations qui sont aux antipodes de celles que vous choisiriez.

Par contre, lorsque votre personnalité positive contrôle, elle ne transmet à votre « centre » que des messages stimulants, dynamiques, optimistes, dont les équivalents physiques sont la prospérité, la santé, l'amour, l'espoir, la confiance, la paix de l'esprit et le bonheur, ces valeurs que toute personne normale recherche.

Le don le plus beau

Je désire vous confier le passe-partout grâce auquel vous atteindrez ces richesses et bien d'autres encore. Entre autres choses, ce passe-partout place votre station de radio personnelle sous le contrôle de votre « autre moi », votre personnalité positive.

Je vais vous révéler le moyen de vous servir du passe-partout, mais il ne dépend que de vous d'en bénéficier ou non. Tout observateur attentif sait que les réussites personnelles durables *ont connu leur origine dans l'influence bénéfique d'une autre personne*, grâce à une forme ou à une autre de partage.

Je désire partager avec vous la connaissance qui vous permettra d'atteindre les richesses, *toutes les richesses*, grâce à *votre esprit d'initiative*.

Voilà le don le plus beau !

Voilà le seul don auquel doit s'attendre celui qui a la chance de jouir des avantages d'une grande nation comme la nôtre. Nous avons ici toutes les formes de richesses offertes à l'humanité et nous les avons en abondance.

J'imagine que vous aussi, vous désirez vous enrichir.

J'ai péniblement cherché la voie des richesses jusqu'au jour où j'appris que j'aurais pu emprunter une voie plus courte et plus sûre, si seulement quelqu'un m'avait guidé comme j'espère vous guider.

Tout d'abord, soyons prêts à reconnaître les richesses lorsqu'elles passent à notre portée. Certains croient que les richesses se résument à l'argent ! Les richesses durables, au sens large du mot, consistent en bien d'autres valeurs que les biens matériels. J'ajoute même que sans ces valeurs immatérielles, la possession de l'argent, contrairement à l'opinion de certains, n'assure pas le bonheur.

Lorsque je parle de « richesses », j'ai à l'esprit les grandes richesses exploitées par leurs possesseurs en fonction du bonheur de vivre pleinement et entièrement. Je les appelle les douze richesses de la vie, et je souhaite les partager avec tous ceux qui sont prêts à les recevoir.

1. Une attitude mentale positive

Toutes les richesses, quelle que soit leur nature, trouvent leur origine dans un état d'esprit, et un état d'esprit est bel et bien la seule et unique chose sur laquelle nous ayons un pouvoir complet et inaliénable de contrôle.

Il est extrêmement significatif que le Créateur n'ait assuré à l'homme de contrôle sur rien, sauf sur le pouvoir de façonner ses pensées et le privilège de les adapter à tout modèle de son propre choix.

Notre attitude mentale est importante, parce qu'elle transforme notre cerveau en une sorte d'électro-aimant qui attire l'équivalent de ses pensées dominantes, de ses projets et de ses buts. Elle attire également son équivalent de peur, d'inquiétude et de doute.

Une attitude mentale positive (AMP) est à l'origine de toutes les richesses, matérielles ou immatérielles.

Elle attire la richesse des amitiés sincères et celle que l'on trouve dans l'espoir de réalisations à venir.

Elle nous ouvre aux richesses de la nature, aux clairs de lune, aux étoiles flottant dans l'infini, à la beauté des paysages, aux horizons lointains.

Aux richesses d'un métier choisi, où s'expriment les plus hautes aspirations de l'âme humaine.

Aux richesses de l'harmonie familiale vécue par chacun dans un esprit de coopération affectueuse.

Aux richesses de la santé physique, ce trésor que possèdent ceux qui ont appris à équilibrer leur labeur et leurs loisirs, à prier avec ferveur, à manger pour vivre et non à vivre pour manger.

Aux richesses d'un esprit libre de la peur.

Aux richesses de l'enthousiasme, qu'il soit actif ou passif.

Aux richesses des chants et des rires, manifestations de notre état d'esprit.

Aux richesses de la discipline personnelle, grâce à laquelle nous découvrons la joie de savoir que l'esprit peut poursuivre toute fin, à la condition de le maîtriser et de le commander avec fermeté.

Aux richesses du jeu, où l'on oublie les fardeaux de la vie pour redevenir comme un petit enfant.

Aux richesses de la découverte de notre « autre moi », ce moi qui sait que l'échec définitif n'existe pas.

Aux richesses de la foi dans l'Intelligence Infinie, dont chaque esprit est une projection infime.

Aux richesses de la méditation, qui nous met en contact, à volonté, avec ce réservoir universel de l'Intelligence Infinie.

Oui, toutes ces richesses et bien d'autres naissent d'une attitude mentale positive. Aussi ne faut-il pas nous étonner qu'une attitude mentale positive occupe la première place parmi les douze richesses.

2. Une bonne santé physique

La santé commence par la « conscience de la santé », le produit d'un esprit qui pense en termes de santé et non en termes de maladie, et s'accompagne de tempérance au point de vue nutrition, et d'équilibre dans les activités physiques.

3. L'harmonie dans les relations humaines

L'harmonie avec les autres commence par l'harmonie avec soi-même. Comme l'a dit Shakespeare, il est certain que ceux qui suivent ce conseil en tirent un grand profit: « Avant tout sois loyal envers toi-même, et, aussi infailliblement que la nuit suit le jour, tu ne pourras être déloyal envers personne. »

4. L'absence de peur

L'homme qui souffre de la peur ne peut être un homme libre ! La peur est un mauvais présage; quand elle apparaît, il faut en trouver la cause pour l'éliminer, afin de pouvoir devenir riche au plein sens du mot. Les sept peurs qui troublent le plus souvent le coeur des hommes sont :

- la peur de la *pauvreté*,
- la peur de la *critique*,
- la peur de la *maladie*,
- la peur de *perdre l'amour*,
- la peur de *perdre sa liberté*,
- la peur de la *vieillesse*,
- la peur de la *mort*.

5. L'espoir de réussir

De tous les bonheurs, le plus grand découle de l'espoir de combler un désir encore insatisfait. C'est être extrêmement miséreux que de ne pas pouvoir considérer l'avenir avec l'espoir de devenir tel qu'on aimerait être, ou avec la certitude d'atteindre un objectif précédemment manqué.

6. La capacité de croire

La foi met en contact la conscience de l'homme et l'immense réservoir universel de l'Intelligence Infinie. C'est dans cette terre fertile du jardin de l'esprit humain que peuvent croître toutes les richesses de la vie. C'est « l'élixir éternel » qui donne créativité et efficacité aux impulsions de l'esprit.

La foi est la base de ce que l'on appelle les miracles et de ces nombreux mystères que sont incapables d'expliquer la raison et la science.

La foi est une « substance » spirituelle qui, associée à la prière, nous met en contact direct et immédiat avec l'Intelligence Infinie.

La foi est une puissance qui transforme les énergies ordinaires de la pensée en leur équivalent spirituel. C'est la seule puissance qui permet à l'homme d'utiliser la force cosmique de l'Intelligence Infinie.

7. La volonté de partager

Celui qui n'a pas appris l'art béni du partage n'a pas trouvé le vrai chemin d'un bonheur durable, car seul le partage est source de bonheur. N'oubliez jamais que toute richesse s'épanouit et se multiplie par le simple fait de la partager là où elle peut servir aux autres. N'oubliez pas non plus que l'espace que quelqu'un occupe dans le coeur des autres est déterminé précisément par les services qu'il leur rend en partageant avec eux ses richesses.

Les richesses non partagées, qu'elles soient matérielles ou immatérielles, s'appauvrissent et meurent comme la rose coupée de ses racines; cette loi vaut tant pour les possessions matérielles des hommes que pour chacune des cellules vivantes de leurs corps.

8. Un travail qu'on aime

Il n'est pas d'homme plus riche que celui qui a trouvé un travail qu'il aime et qui s'engage pleinement à sa réalisation, car un travail qu'on aime est la plus grande forme d'expression des désirs humains. Le travail est le lien entre l'offre et la demande de tous les besoins humains, le précurseur de tout progrès humain, le moyen par lequel l'imagination humaine est dotée des ailes de l'action. Tout travail qu'on aime est sanctifié, car il apporte la joie de l'expression de soi à celui qui le fait.

9. Un esprit ouvert sur tous les sujets

La tolérance, l'un des attributs les plus importants de la culture, n'est le fait que de la personne qui a l'esprit ouvert à tous les sujets, sur tout le monde et en tout temps. Seule la personne qui garde l'esprit ouvert devient vraiment instruite et est ainsi préparée à saisir et à utiliser les grandes richesses de la vie.

10. La discipline personnelle

Celui qui n'est pas maître de lui même ne peut jamais devenir maître de quoi que ce soit qui lui est extérieur. Celui qui est son maître peut devenir le maître de sa propre destinée terrestre, le « maître de son sort, le capitaine de son âme ». La forme la plus élevée de la discipline personnelle consiste en l'humilitié du coeur quand on a atteint le sommet de la richesse ou qu'on a été béni par une reconnaissance infinie pour des services rendus.

11. La capacité de comprendre les autres

La personne qui a la chance de comprendre les gens reconnaît que, fondamentalement, ils sont semblables puisqu'ils ont évolué à partir de la même souche, que toutes leurs activités humaines bonnes ou mauvaises, sont inspirées par un ou plusieurs des neuf motifs fondamentaux de la vie, plus précisément :

- l'émotion de *l'amour*,
- l'émotion du *sexe*,
- le désir du *gain matériel*,
- le désir de la *sécurité*,
- le désir de la *liberté de corps et d'esprit*,
- le désir de *l'expression personnelle*,
- l'émotion de la *colère*,
- l'émotion de la *peur*.

Celui qui veut comprendre autrui, doit d'abord se comprendre lui-même.

La capacité de comprendre les autres élimine bien des causes de friction entre les hommes. C'est la base de toute amitié; c'est la base de toute harmonie, de toute coopération entre les gens. C'est l'élément le plus important de toutes formes de leadership qui demande une coopération amicale. Certaines gens pensent que c'est une approche essentielle dans la compréhension du plan global de l'univers et de son Créateur.

12. La sécurité financière

La dernière richesse, mais non la moindre en importance, est la partie tangible des « douze richesses ».

La possession de l'argent n'assure pas à elle seule la sécurité économique. On atteint cette dernière grâce aux services que l'on rend, car tout service utile peut être converti en de multiples formes de besoins humains, avec ou sans l'usage de l'argent.

Un millionnaire jouit de la sécurité matérielle, non parce qu'il possède une vaste fortune, mais parce qu'il assure des emplois rémunérateurs, des biens et des services utiles à tous. Ce sont ces services qu'il rend qui lui ont valu l'argent qu'il a aujourd'hui et c'est de cette façon que toute sécurité matérielle durable doit nous venir.

Je vais bientôt vous initier aux principes qui assurent l'argent et toute autre forme de richesse, mais vous devez, tout d'abord, être prêt à faire vôtres ces principes. Votre esprit doit être préparé à recevoir ces richesses, tout comme la terre doit être préparée à recevoir la semence.

Quand on s'est préparé à recevoir quelque chose, cette chose ne manque jamais de se présenter !

Cela ne veut pas dire que les choses dont nous avons besoin vont apparaître sans raison; il y a, en effet, une grande différence entre nos « *besoins* » et notre *disposition* à recevoir. Si vous ne pouvez faire cette distinction, vous passerez à côté des avantages dont je vais vous parler.

Montrez-vous donc patient, laissez-moi vous *préparer* à recevoir les richesses que vous désirez. Laissez-moi vous guider *à ma façon*.

Ma façon vous semblera étrange au départ, mais ne vous laissez pas pour autant aller au découragement : toute idée nouvelle semble étrange. Si vous doutez de sa valeur, dites-vous pour retrouver courage, qu'elle m'a assuré des richesses en abondance.

Les progrès ont toujours été lents à venir parce que les gens sont réticents devant les idées nouvelles.

Lorsque Samuel Morse présenta son système de communication télégraphique les gens se moquèrent de lui. Son système n'était pas orthodoxe. Étant nouveau, il fut la proie des critiques et du doute.

Le monde entier tourna Marconi en dérision, lorsque celui-ci annonça qu'il avait amélioré le système de Morse par la communication sans fil.

Thomas Edison fut ridiculisé, lorsqu'il annonça qu'il avait mis au point une ampoule électrique incandescente; le premier constructeur automobile vécut la même expérience, lorsqu'il présenta au monde un véhicule automobile qui allait remplacer les voitures à cheval.

Lorsque les frères Wright annoncèrent le vol d'un appareil aérien, cette nouvelle produisit si peu d'effet que les journalistes refusèrent d'assister à la présentation de cette machine.

Puis vint la découverte de la radio, l'un des « miracles » de l'ingéniosité humaine qui devait rapprocher tous les hommes. Les esprits non avertis ne virent là qu'un jouet destiné à distraire les enfants.

Si je vous raconte ces faits, à vous qui recherchez une nouvelle façon pour atteindre les richesses, c'est pour vous rappeler que vous ne devez pas vous laisser décourager par la nouveauté de la voie à suivre. Laissez-vous guider, assimilez ma philosophie, et vous verrez qu'elle vous sera utile comme elle l'a été pour moi.

Parce que je serai votre guide vers ces richesses, je serai récompensé de façon proportionnelle aux avantages que vous en retirerez. C'est la garantie de la loi éternelle de rétribution. Ma rétribution ne me viendra peut-être pas directement de vous qui bénéficiez de ma philosophie, mais elle me viendra sous une forme ou une autre, car elle fait partie d'un grand plan cosmique, qui veut qu'aucun service utile ne soit rendu à autrui sans une juste compensation. « Mets-toi à l'œuvre », dit Emerson, « et tu connaîtras la puissance. »

Indépendamment de ce que je recevrai en compensation de mon effort pour vous servir, il se trouve que j'ai une dette envers l'univers à cause de tous les bienfaits dont il m'a fait profiter. Je n'ai pas acquis mes richesses sans l'aide de nombreuses personnes. J'ai appris que tous ceux qui ont acquis de durables richesses ont gravi l'échelle de la richesse les deux mains tendues : l'une vers le sommet pour recevoir l'aide de ceux qui l'avaient atteint et l'autre vers le bas pour aider ceux qui amorçaient leur ascension.

À vous qui vous vous engagez sur la voie des richesses, je recommande d'avancer aussi les deux mains tendues pour, d'une part, donner et, d'autre part, recevoir de l'aide, car il est un fait indiscutable : personne ne peut arriver à une réussite durable, à une richesse réelle, sans pour cela aider ceux qui recherchent ces mêmes fins. Pour *recevoir*, il faut d'abord *donner* !

C'est pour pouvoir *donner* que je vous ai transmis ce message !

Et maintenant que nous savons quelles sont les vraies richesses de la vie, nous allons passer à la prochaine étape. Vous devrez y apporter une attention toute particulière pour « conditionner » votre esprit à recevoir ces richesses.

Je reconnais que mes richesses me sont venues grâce à l'aide des autres.

Certains furent des hommes bien connus de vous tous, des maîtres qui nous donnèrent accès à ce que l'on appelle « la vie à l'américaine ».

Certains furent des étrangers dont les noms ne vous diront rien.

Parmi ces *étrangers*, il y a huit de mes amis : ils ont minutieusement préparé mon esprit à recevoir les richesses. Je les appelle les huit princes. Ils m'aident lorsque je dors comme lorsque je suis éveillé.

Bien que je n'aie jamais rencontré ces princes comme cela se produisit pour les autres qui m'ont aidé, je sais que les princes ont veillé sur mes richesses; ils m'ont protégé contre la peur, l'envie, la cupidité, le doute et l'indécision. Ils m'ont appris à agir de ma propre initiative, ont gardé mon imagination en éveil, m'ont assuré un esprit ferme et la foi nécessaire au succès de mes entreprises.

Ils ont véritablement « conditionné » mon esprit et ont développé chez moi une *attitude mentale positive* !

Je vous les recommande hautement, afin qu'ils puissent vous rendre les mêmes services.

2

Les huit princes

Vous pouvez appeler les princes du nom qu'il vous plaira. Mentors, peut-être. Principes. Conseillers ou encore gardiens de l'esprit.

Quel que soit leur nom, les princes m'aident grâce à une technique à la fois simple et adaptable.

Tous les soirs, pour conclure mes activités de la-journée, nous tenons, les princes et moi-même, une table ronde, ceci pour me permettre d'exprimer ma gratitude pour les services qui me furent rendus pendant la journée.

Cette conférence ne serait pas différente si les princes existaient en chair et en os. Elle est un moment de réflexion, de méditation et d'action de grâces, où je communique grâce ou pouvoir de la pensée.

Voici la première épreuve de votre capacité à *conditionner* votre esprit à accepter les richesses. Lorsque le choc se produira, pensez à ce qui arriva lorsque Morse, Marconi, Edison et les frères Wright annoncèrent la réalisation d'un moyen nouveau et plus efficace de rendre service. Cela vous aidera à tenir le coup.

Et maintenant, permettez-moi de vous présenter les princes :

LA GRATITUDE !

« Que ce jour fut beau.

« Il me donna la santé physique et spirituelle.

« Il m'apporta nourriture et vêtements.

« Il me fournit l'occasion d'être utile aux autres.

« Il m'apporta la tranquillité d'esprit, le maintint libre de toute peur.

« Pour tous ces bienfaits, je vous rends grâce, princes, ô mes guides.

« Je vous suis reconnaissant d'avoir débrouillé l'écheveau confus de mon existence passée et d'avoir ainsi libéré mon corps, mon esprit et mon âme de toute peur et de toute inquiétude.

« *Prince de la Prospérité Financière*, je te rends grâce pour avoir maintenu mon esprit en contact avec la conscience de l'abondance et de l'opulence, libre de la peur de la pauvreté et du besoin.

« *Prince de la Santé Physique*, je te rends grâce pour avoir communiqué à mon esprit la conscience de la santé, pour m'avoir ainsi assuré les moyens d'alimenter adéquatement chaque cellule de mon corps, chacun de mes organes, avec l'énergie cosmique utile à leurs besoins, pour m'avoir assuré un contact direct avec l'Intelligence Infinie, nécessaire à la distribution et à l'application de cette énergie, là où elle est requise.

« *Prince de la Tranquillité d'Esprit*, je te rends grâce pour avoir maintenu mon esprit libre de toute inhibition, de toute limite fixée par moi-même et pour avoir ainsi assuré le repos à mon corps et à mon esprit.

« *Prince de l'Espoir*, je te rends grâce pour avoir comblé mes désirs et pour avoir promis de m'aider à atteindre mes buts à venir.

« *Prince de la Foi*, je te rends grâce pour les conseils que tu m'as donnés, pour m'avoir inspiré de faire ce qui m'est bénéfique et pour m'avoir écarté de ce qui aurait pu me causer du tort. Tu as assuré la puissance à mes pensées, l'énergie à mes actes, la sagesse pour comprendre les lois de la nature, la sûreté de jugement qui me permet d'y adhérer dans un esprit d'harmonie.

« *Prince de l'Amour*, je te rends grâce pour m'avoir inspiré de partager mes richesses avec tous ceux que j'ai rencontrés aujourd'hui, pour m'avoir montré que je ne possède vraiment que ce que je donne. Je te rends grâce aussi pour m'avoir donné la conscience de l'amour, car elle m'a rendu la vie douce, et mes relations avec les autres, agréables.

« *Prince de la Fantaisie*, je te rends grâce pour m'avoir communiqué l'esprit de la jeunesse, en dépit du passage du temps.

« *Prince de la Sagesse Illimitée*, je te dois une reconnaissance éternelle pour m'avoir permis de transformer en atouts durables et précieux tous mes échecs passés, mes revers, mes erreurs dc jugement, mes actions inconsidérées, mes peurs, mes erreurs, mes déceptions, toutes mes difficultés; ces atouts représentent ma volonté et ma capacité à inspirer les autres à maîtriser leur esprit et à en utiliser la puissance pour atteindre les richesses de la vie; ils m'assurent ainsi le privilège de pouvoir partager mes biens spirituels avec ceux qui sont prêts à les recevoir et permettant ainsi de les enrichir et de les multiplier.

« Je te suis reconnaissant aussi pour m'avoir fait connaître cette vérité : aucune expérience ne doit être considérée comme un handicap; au contraire, toute expérience peut être transformée en service utile; la puissance de la pensée est la seule puissance sur laquelle j'exerce un contrôle total; la puissance de la pensée peut, à volonté, se traduire par le bonheur; la puissance de ma pensée ne connaît pas d'autres limites que celles que je lui fixe en esprit. »

Mon plus bel atout tient à la chance que j'ai eue de reconnaître l'existence des huit princes, car ce sont eux qui conditionnèrent mon esprit à recevoir les bienfaits des douze richesses.

C'est à l'habitude d'une communication quotidienne avec les princes que je dois la permanence de ces richesses, quelles que soient les circonstances.

Les princes représentent les intermédiaires grâce auxquels je garde mon esprit tourné vers *les choses que je désire*, loin des choses que je ne désire pas !

Ils représentent une protection très sûre, un rosaire de puissance; grâce à eux, je peux faire appel à volonté aux puissances de la pensée, dont « chaque heure est une perle, chaque perle une bénédiction ».

Ils me protègent en permanence contre les attitudes mentales négatives; ils détruisent ainsi le germe des pensées négatives et l'empêchent de prendre racine dans mon esprit.

Ils m'aident à garder mon esprit fixé sur le but principal de ma vie et à donner à mes efforts toute la force nécessaire pour l'atteindre.

Ils me maintiennent en paix avec moi-même, en paix avec le monde, en harmonie avec ma propre conscience.

Ils m'aident à ne pas songer aux échecs du passé. Bien plus, ils transforment ces échecs en atouts précieux.

Les princes me révélèrent l'existence de cet autre moi, qui pense, désire et agit sous l'effet d'une puissance qui n'admet pas qu'une chose soit impossible.

Ils me donnèrent d'innombrables fois, la preuve que toute épreuve contient en elle le germe d'un bénéfice équivalent. Je ne me laisse pas abattre : je commence aussitôt à chercher ce germe d'un bénéfice équivalent et à le cultiver pour qu'il s'épanouisse en une occasion bénéfique.

Les princes me permirent de maîtriser cet adversaire formidable : moi-même. Ils me montrèrent ce qui est bon pour mon corps et pour mon esprit, et ils me guidèrent infailliblement vers la source de tout bien.

Ils m'enseignèrent cette vérité : le bonheur ne tient pas à la possession des objets, mais bien au privilège de pouvoir s'exprimer par le moyen des biens matériels.

Ils m'enseignèrent aussi qu'il vaut mieux rendre un service utile plutôt que d'accepter le service des autres.

Remarquez bien que je ne demande rien aux princes : je consacre cette cérémonie à leur exprimer ma gratitude pour les richesses qu'ils m'ont déjà accordées.

Les princes connaissent mes besoins et les satisfont !

Oui, ils les satisfont généreusement.

Les princes m'ont appris à ne penser qu'à ce que je peux *donner* et à oublier ce que je désire *recevoir* en retour. Ils m'ont ainsi appris à comprendre *le mode de vie impersonnel* qui révèle à chacun ses puissances intérieures, où il peut puiser à volonté pour résoudre tous ses problèmes personnels et obtenir tous les biens matériels nécessaires.

Ils m'apprirent à m'asseoir calmement pour prêter l'oreille à ma petite voix intérieure.

Ils me donnèrent la *foi*, me permirent de dominer ma raison, d'écouter ma voix intérieure et de lui donner le dessus sur les simples ressources de ma raison.

C'est aux princes que je dois ce credo.

Permettez-moi de le partager avec vous pour que vous le fassiez vôtre.

Le credo d'un homme heureux

Je trouvai le bonheur en aidant les autres à le trouver.

Je suis en bonne santé parce que j'exerce la modération en toutes choses et ne mange que des nourritures que requiert la nature pour le bien du corps.

Je suis libre de toute peur.

Je n'éprouve ni haine ni envie pour aucun homme; j'aime toute l'humanité.

Je m'intéresse à une oeuvre d'amour à laquelle le jeu est étroitement associé. Aussi je ne m'en fatigue jamais.

Je rends quotidiennement grâce, non pour posséder plus de richesses, mais pour la sagesse qui me permet de reconnaître et de bien employer la grande abondance de richesses que je possède déjà.

Je n'emploie le nom de personne, si ce n'est pour l'honorer.

Je ne demande de faveurs à personne, sauf celle de partager mes richesses avec tous ceux qui voudront les recevoir.

Je suis en bons termes avec ma conscience. Aussi me guide-t-elle correctement en tout temps.

Je n'ai pas d'ennemis, parce que je ne cause de tort à personne. J'aide au contraire, tous ceux que je rencontre en leur enseignant la façon de s'assurer les richesses en permanence.

J'ai plus de richesses matérielles qu'il ne m'en faut, parce que je ne connais pas la cupidité et ne désire que les biens que je peux employer de mon vivant.

Je possède de grands bicns qui ne sont pas imposables, car ce sont les biens de mon esprit; nul ne peut les évaluer ni se les approprier, si ce n'est en adoptant mon mode de vie. Je créai cette fortune immense en observant les lois de la nature et en y conformant mes habitudes.

Le fonctionnement du passe-partout

Je vais poursuivre maintenant en vous décrivant la philosophie qu'il faut adopter pour acquérir les douze richesses. J'ai déjà exposé la méthode de préparation de l'esprit à l'accueil des richesses. Mais ce n'est là que le début de l'histoire. Il me reste à vous expliquer comment on prend possession des richesses et comment on les exploite pleinement.

L'histoire remonte à plus d'un siècle et trouve son origine dans la vie d'Andrew Carnegie, ce grand philanthrope, produit parfait du système américain.

Carnegie réussit à acquérir les douze richesses; leur partie financière fut si vaste qu'il ne vécut pas assez longtemps pour les distribuer, aussi en confia-t-il une grande partie à des hommes qui sont encore occupés à en faire bénéficier l'humanité.

Il eut également la chance de profiter des services des huit princes. Le prince de la Sagesse le servit si bien qu'il l'inspira non seulement à faire don de ses richesses matérielles, mais à nous transmetre une philosophie complète de la vie grâce à laquelle nous pouvons nous aussi acquérir les richesses.

Cette philosophie se compose de dix-sept principes qui se conforment en tout à la constitution des États-Unis et au système américain de la libre entreprise.

Carnegie a donné la raison qui le poussa à fonder une philosophie de la réussite personnelle en ces termes :

« J'eus la chance d'acquérir mon argent grâce à l'effort des autres; je vais le leur rendre aussi vite qu'il me sera possible de le faire *sans pour cela encourager chez eux le désir d'obtenir quelque chose pour rien.* Mais l'essentiel de mes richesses consiste en la connaissance qui me permit d'en acquérir la part matérielle et immatérielle. Je souhaite par conséquent que cette connaissance prenne la forme d'une philosophie et soit communiquée à toute personne qui cherche l'occasion de se prendre en charge dans le cadre du système économique américain. »

Voilà la philosophie que vous devez adopter et mettre en pratique, si vous espérez obtenir les richesses que je désire partager avec vous.

Mais avant de vous décrire les principes de cette philosophie, je vais vous raconter brièvement ce qu'elle a déjà accompli pour d'autres hommes sur plus de la moitié de la planète.

Elle fut traduite en quatre des principaux dialectes de l'Inde pour être accessible à plus de 2 000 000 d'Indiens.

Elle fut traduite en portugais pour être à la portée de plus de 1 500 000 Brésiliens.

Une édition spéciale, destinée à l'Empire britannique, atteignit plus de 2 000 000 de personnes.

Elle a profité à au moins une personne si ce n'est à plus dans pratiquement chaque ville et chaque village des États-Unis, c'est-à-dire à plus de 20 000 000 de personnes selon les estimations.

Elle peut bien devenir le moyen d'assurer un meilleur esprit d'entraide amicale entre tous les peuples de la terre, car elle ne s'appuie sur aucune foi spécifique :

elle se compose des principes de base de toute réussite durable et de toutes les réalisations humaines, de quelque domaine que ce soit.

Elle appuie toutes les religions, sans faire partie d'aucune !

Elle est de nature si universelle qu'elle mène immanquablement les hommes à la réussite, quel que soit leur métier.

Mais le plus important, c'est que cette philosophie est tellement simple que vous pouvez la mettre sur-le-champ en pratique.

Venons-en donc à la description des secrets du passe-partout qui permet d'obtenir toutes les richesses !

Ces dix-sept principes vous serviront de guides pour vous orienter directement vers la source de toutes les richesses, qu'elles soient matérielles ou immatérielles. Suivez ce plan et vous ne pourrez vous tromper, mais soyez prêt à respecter toutes les instructions et à assumer toutes les responsabilités qui vont de pair avec la possession de grandes richesses. N'oubliez surtout pas que les richesses durables doivent être partagées avec les autres, et qu'il y a un prix à payer pour tout ce qu'on acquiert.

Le passe-partout ne sera pas révélé par l'un ou l'autre de ces dix-sept principes, car son secret consiste en la combinaison de tous ceux-ci.

Ces principes sont autant de portes qu'il faut franchir pour atteindre la salle secrète où est enfermée la source de toutes les richesses. Le passe-partout ouvrira la porte de cette salle et vous l'aurez à la main lorsque vous serez prêt à l'accepter. Votre préparation consiste à assimiler et à appliquer les cinq premiers de ces dix-sept principes. Je vous les expose maintenant en détail.

3

La détermination

Il est remarquable que tous les grands personnages de l'Histoire, quel qu'ait été leur champ d'action, soient parvenus au leadership en mobilisant leurs ressources vers un objectif bien défini.

Il n'est pas moins intéressant de constater que les gens que l'on classe comme ratés n'ont pas de but dans la vie mais, pareils à un navire sans gouvernail, ils tournent en rond et reviennent à leur point de départ sans avoir rien acquis. Certains, parmi ces « ratés », partent dans la vie avec un objectif précis, mais ils renoncent à la première opposition d'importance ou au premier échec. Ils ignorent qu'il existe une philosophie de la réussite aussi sûre et précise que les règles des mathématiques; ils oublient qu'un échec passager n'est qu'une épreuve et qu'il peut se transformer en bénéfice si on ne le tient pas pour définitif.

L'un des grands drames de la civilisation tient au fait que 98% des gens vivent leur vie sans s'approcher une seule fois de ce qui ressemblerait à la détermination d'esprit !

Le premier examen que Carnegie faisait passer à tous les employés susceptibles d'être promus à un poste de responsabilité, était destiné à déterminer s'ils étaient disposés à *fournir des efforts supplémentaires*. Son deuxième examen consistait à déterminer s'ils avaient un objectif précis et s'ils prenaient les moyens pour l'atteindre.

« Lorsque je demandai à Carnegie ma première promotion, déclara Charles Schwab, il fit un grand sourire et me répondit : « *Si vous voulez vraiment ce que vous voulez, il n'y a rien que je puisse faire pour vous empêcher de l'obtenir.* »

Schwab savait ce qu'il voulait : c'était le poste le plus important sous la responsabilité de Carnegie.

Et Carnegie l'aida à l'obtenir.

Il est étrange de remarquer, en ce qui concerne les gens déterminés, comme le monde leur laisse la voie libre pour avancer et vient même à leur aide.

La naissance d'une philosophie

L'histoire de la constitution de cette philosophie a des connotations pittoresques en rapport avec l'importance que Carnegie donnait à la détermination de l'esprit.

Il avait déjà mis sur pied sa grande industrie sidérurgique et avait accumulé une fortune immense, lorsqu'il commença à s'intéresser au sort de sa fortune. Conscient que la meilleure partie de ses richesses tenait aux connaissances qui lui avaient permis de les acquérir et à sa compréhension des relations humaines, son principal objectif dans la vie consista à inspirer quelqu'un à fonder une philosophie qui communiquerait ses connaissances à tous ceux qui pourraient les désirer.

Il était déjà avancé en âge et savait qu'une telle tâche requérait les services d'un jeune homme qui aurait le temps et le goût de passer vingt années et plus à étudier les causes de la réussite personnelle.

Lorsque je rencontrai Carnegie pour la première fois et cela, par pur hasard (j'étais venu l'interviewer pour un magazine), il avait déjà approché plus de 250 hommes qui, selon lui, auraient pu avoir l'étoffe pour réussir.

C'était un fin psychologue et il dut se demander si j'avais les qualités de l'emploi, car il mit sur pied un plan ingénieux pour me mettre à l'épreuve.

Il commença par me raconter l'histoire de ses réalisations. Puis, il émit l'idée que le monde avait besoin d'une philosophie pratique de la réussite qui permettrait aux plus modestes employés d'accumuler toutes les richesses qu'ils pourraient désirer.

Il devait développer ses idées pendant trois journées complètes, exposant comment on pourrait organiser une telle philosophie. Une fois son récit terminé, il était prêt à me faire passer un test pour voir s'il avait trouvé l'homme sur lequel il pourrait compter pour mener à bien son idée.

« Vous connaissez maintenant l'idée que je me fais de cette nouvelle philosophie, m'a-t-il dit, et je veux vous poser une question à ce sujet, question à laquelle je désire que vous répondiez par oui ou non. Voici ma question : Si je vous offre la possibilité de mettre sur pied cette philosophie entièrement nouvelle de la réussite personnelle et si je vous présente des hommes qui collaboreront avec vous dans cette tâche, accepterez-vous cette occasion et serez-vous prêt à la mener à son terme, si elle vous est confiée? »

Je m'éclaircis la gorge, cherchai mes mots pendant quelques secondes et me jetai à l'eau :

« Oui, je veux entreprendre cette tâche et je suis prêt à la mener à bien! »

Ça ne pouvait pas être plus net ! Et c'était cela seul que Carnegie recherchait : *la détermination.*

J'appris, bien des années plus tard, que, en me posant la question, Carnegie tenait un chronomètre dans sa main et qu'il m'avait donné exactement soixante secondes pour répondre. Si ma réponse avait pris plus de temps, il m'aurait disqualifié. En fait, j'avais mis exactement neuf secondes pour répondre.

Carnegie devait donner la raison de ce minutage :

« L'expérience m'a appris, a-t-il dit, qu'on ne peut pas compter sur un homme qui n'arrive pas à se décider rapidement, une fois qu'il a en main tous les éléments de la décision. Cet homme ne respectera pas son engagement. Je sais également que ceux qui se décident sans délai sont capables de faire preuve de détermination dans d'autres circonstances. »

J'avais donc passé la première épreuve haut la main, mais il y en avait une autre.

« Parfait, poursuivit Carnegie, vous possédez l'une des deux qualités requises pour organiser cette philosophie. Maintenant, je désire savoir si vous possédez la seconde.

« Si je vous offre la possibilité d'organiser cette philosophie, êtes-vous prêt à consacrer vingt années de votre existence à la recherche des causes des réussites et des échecs et cela, sans recevoir un sou... Vous devrez gagner votre vie pendant ce temps. »

Je reçus cette dernière question comme un choc, car je m'attendais naturellement à être payé à même l'énorme fortune de Carnegie.

Je retrouvai rapidement mes esprits et lui demandai pourquoi il ne voulait pas rémunérer une tâche aussi importante.

« Ce n'est pas que je refuse de fournir des fonds pour cela, me répondit Carnegie, c'est que je désire savoir si vous avez en vous la capacité de *donner de votre personne*, de rendre service avant même d'essayer d'en obtenir de l'argent. »

Il expliqua alors que tous les hommes qui avaient connu la réussite dans quelque domaine que ce soit avaient toujours été ceux qui avaient l'habitude de rendre des services supérieurs à ceux pour lesquels ils étaient payés. Il me fit aussi remarquer qu'une rémunération faisait souvent plus de mal que de bien.

Il ajouta que cette occasion qui m'était offerte avait été refusée à plus de deux cent cinquante personnes, dont certaines étaient plus âgées et avaient beaucoup plus d'expérience que moi, et conclut ainsi :

« Si vous exploitez à leur maximum les possibilités de mon offre, il se peut fort bien que vous les transformiez en richesses si fabuleuses que ma fortune paraîtra dérisoire en comparaison. En effet, l'occasion vous est offerte de sonder les esprits les plus pénétrants de notre nation, de tirer profit de l'expérience de nos plus grands industriels... Il est fort possible que vous puissiez de ce fait exercer une influence réelle sur notre monde civilisé et, ainsi, enrichir les générations à venir. »

Cette occasion, je la saisis bel et bien au vol !

Une première leçon me fut ainsi donnée sur l'importance de la détermination et de la disposition à *donner de sa personne*.

Vingt ans plus tard, presque jour pour jour, cette philosophie, dans laquelle Carnegie voyait la part la plus précieuse de ses richesses, fut achevée et présentée au public dans une édition en huit volumes.

Certains se demanderont : « Qu'en est-il de l'homme qui consacra vingt ans de son existence et cela, sans recevoir un sou ? Quelle fut la récompense de son travail? »

Il n'est pas possible de répondre entièrement à cette question, car cet homme ne connaît pas lui-même la valeur totale des bénéfices qu'il en tire. De plus, certains de ces profits sont de nature si subtile qu'il continuera à les recevoir jusqu'à la fin de ses jours.

Cependant, pour la satisfaction de ceux qui ne mesurent les richesses qu'en biens matériels, je peux préciser qu'un seul de ces livres, fruit des connaissances acquises en appliquant le principe qui consiste à *donner de sa personne*, a déjà fait plus de 3 000 000 de dollars. *La rédaction de ce livre a pris quatre mois.*

La *détermination* et l'habitude de *faire le kilomètre extra* constituent des forces qui dépassent toute imagination, alors même qu'elles ne représentent que deux des dix-sept principes de la réussite personnelle.

Ces deux principes sont ici associés tout simplement pour faire comprendre que les principes de cette philosophie sont autant de maillons d'une seule chaîne et que leur combinaison aboutit à une puissance fantastique, impossible à atteindre si on les prend un à un.

La puissance de la détermination

Nous en venons maintenant à l'analyse de la puissance de la détermination et aux principes psychologiques dont découle cette puissance.

Première prémisse: Le point de départ de toute réussite personnelle réside dans l'adoption d'un objectif précis et d'un plan précis pour y parvenir.

Deuxième prémisse: Toute réussite est l'effet d'une motivation ou de la combinaison de plusieurs motivations. Il existe neuf motivations fondamentales qui déterminent toutes les actions volontaires (voir le chapitre 1).

Troisième prémisse: Tout projet, idée ou plan dominant, inscrit dans l'esprit à force de répétition et inscrit dans l'affectivité par un désir ardent de voir se réaliser les objectifs, est pris en charge par le subconscient et mené à son terme logique par tous les moyens naturels disponibles.

Quatrième prémisse: Tout projet, idée ou plan dominant inscrit dans la conscience et nourri d'une foi absolue dans sa réalisation, est aussitôt pris en charge par le subconscient et *on ne connaît pas d'exemple qu'un tel désir ne se soit pas accompli.*

Cinquième prémisse : La puissance de la pensée est la seule chose sur laquelle toute personne ait un contrôle entier et absolu; ce fait est si important qu'il suppose l'existence d'une étroite relation entre l'esprit humain et l'esprit universel de l'Intelligence Infinie, leur lien étant la *foi.*

Sixième prémisse : Notre subconscient constitue la voie d'accès à l'Intelligence Infinie et il répond à nos demandes en proportion exacte de la qualité de notre *foi!* Le subconscient est touché par la foi et on peut lui communiquer des instructions comme s'il était une personne ou une entité.

Septième prémisse : La clarté des objectifs, alliée à une foi absolue, est une forme de sagesse et la sagesse en action produit des résultats positifs.

Les principaux avantages de la détermination

La détermination est facteur d'autonomie, d'initiative, d'imagination, d'enthousiasme, de discipline et d'énergie, conditions de la réussite matérielle.

Elle nous pousse à organiser notre temps et à planifier nos activités quotidiennes pour atteindre notre *objectif vital.*

Elle aiguise notre perception des occasions qui nous sont offertes pour atteindre notre *objectif vital* et elle nous communique le courage nécessaire pour en tirer parti, lorsqu'elles se présentent.

Elle pousse les autres à nous aider.

Elle prépare la voie au plein exercice de la disposition d'esprit que l'on appelle *foi*, *en rendant l'esprit positif*, en le libérant des limites que lui imposent la peur, le doute et l'indécision.

Elle nous assure *la conscience de la réussite*, sans laquelle personne ne peut atteindre une réussite durable dans quelque domaine que ce soit.

Elle détruit cette habitude néfaste qui consiste à toujours remettre au lendemain.

Enfin, elle assure la croissance et la permanence de la première des douze richesses, *une attitude mentale positive*.

Voilà donc quels sont les traits principaux de la détermination, sans compter ses autres qualités et ses autres applications. Elle est en relation avec chacune des douze richesses, parce qu'on ne peut les atteindre sans la détermination.

Étudiez ce principe de la détermination en regard de chacune des douze richesses et vous verrez qu'il est essentiel pour atteindre chacune d'entre elles.

Passez ensuite en revue les grands entrepreneurs de notre nation et considérez comme chacun d'eux concentra son énergie sur un grand objectif.

Thomas Edison mobilisa tous ses efforts en vue d'inventions scientifiques.

Andrew Carnegie se spécialisa dans la fabrication et la vente de l'acier.

Woolworth concentra son attention sur la gestion de magasins bon marché.

Armour se spécialisa dans le commerce de la viande.

James Hill se consacra à la création et à la gestion du Transcontinental Railway System.

Graham Bell, chercheur éminent, mit au point le téléphone.

Marshall Field fonda le plus grand magasin de détail du monde.

Cyrus Curtis consacra son existence à la publication du *Saturday Evening Post*.

Jefferson, Washington, Lincoln, Patryck Henry et Thomas Paine consacrèrent l'essentiel de leur existence et de leur fortune à la lutte pour la liberté.

Tous ces hommes sans exception avaient bel et bien un objectif vital !

À cette liste pourraient s'ajouter tous les noms des grands hommes qui contribuèrent à l'établissement de la vie à l'américaine telle que nous la connaissons et l'aimons aujourd'hui.

Comment définir son objectif vital

La méthode à suivre pour définir son objectif vital est simple et d'importance capitale :

a) Écrivez de façon explicite, claire et précise quel est votre *objectif vital*, signez ce texte et apprenez-le par coeur.
Répétez-le à haute voix au moins une fois par jour, plus souvent si vous le pouvez. Répétez-le jour après jour. Ainsi, toute la foi que vous avez en l'Intelligence Infinie sera canalisée en vue de la réalisation de votre objectif.

b) Rédigez avec clarté et précision la façon dont vous comptez commencer dans votre entreprise pour atteindre votre *objectif vital*. Précisez le délai maximum que vous vous accordez pour l'atteindre et *décrivez en détail ce que vous comptez donner en échange de la réalisation de votre objectif*, en gardant bien en mémoire cette vérité : on n'a rien pour rien, tout a un prix qu'il faut payer à l'avance sous une forme ou sous une autre.

c) Arrangez-vous pour que votre plan soit assez flexible afin que vous puissiez y apporter des modifications si vous le désirez. N'oubliez pas que l'Intelligence Infinie, active dans chaque atome de matière vivante ou inanimée, peut vous présenter un plan de loin supérieur à tous ceux que vous pouvez imaginer. Soyez donc prêt, en tout temps, à le reconnaître et à l'adopter, lorsqu'il se présentera à votre esprit.

d) Gardez secrets votre *objectif vital* et vos plans pour l'atteindre, sauf si vous recevez des instructions supplémentaires pour les mener à bien dans la partie de cet ouvrage consacrée au principe du cerveau collectif.

Ne commettez pas l'erreur de croire que, parce que vous ne comprenez pas toutes ces instructions, les principes ici décrits ne sont pas valables. Suivez ces instructions à la lettre; suivez-les de bonne foi, en gardant en mémoire que, en agissant ainsi, vous vous conformez à la méthode suivie par beaucoup d'hommes éminents de notre nation.

Ces instructions ne vous demandent aucun effort que vous ne puissiez fournir.

Elles ne requièrent en temps et en talent rien qu'une personne d'intelligence moyenne ne soit capable de fournir.

De plus, elles sont en complète harmonie avec la philosophie des vraies religions.

Décidez *dès aujourd'hui* de ce que vous attendez de la vie et de ce que vous allez donner en retour. Décidez de votre *direction* et du *chemin* que vous allez prendre. Puis mettez-vous en mouvement, en partant d'où vous vous trouvez *présentement*. Mettez-vous en mouvement vers votre objectif avec les moyens dont vous disposez en ce moment pour l'atteindre. Vous allez alors découvrir que, dans la mesure où vous faites usage de ces moyens, d'autres moyens plus efficaces vont se présenter à vous.

Telle a été l'expérience de tous les hommes qui ont fait leur marque dans l'histoire. La majorité d'entre eux ont eu des débuts modestes et n'étaient armés de rien de plus, ou presque, qu'*un désir ardent d'atteindre un objectif précis*.

Un tel désir a un pouvoir durable, magique !

Retenez, enfin, ceci :

La plume court sur le livre de la vie,
Et jamais ne s'arrête : ta piété, ton art
En vain tenteront d'en effacer les lignes,
Tes larmes n'en dissoudront pas un seul mot.

Hier s'est enfui à jamais et demain se fera toujours attendre. Mais aujourd'hui est la veille de demain, à portée de ta main. Quel usage en fais-tu ?

Je vais bientôt vous révéler le principe, la clef de voûte de l'arche des grandes réussites; à ce principe, nous devons notre mode de vie, notre système de libre entreprise, nos richesses et nos libertés. Mais assurez-vous d'abord que *vous savez ce que vous voulez dans la vie*.

Les idées qui mènent au succès commencent par la détermination

L'idée est le seul capital qui n'ait pas de valeur déterminée, ce fait est bien connu. Il est également vrai que l'idée est à la source de toute réussite.

Les idées constituent la base de toutes les fortunes, le point de départ de toutes les inventions. Elles s'assurèrent la maîtrise de l'espace et des profondeurs marines qui nous entourent; elles nous permirent de dominer à notre avantage les énergies invisibles du cosmos. Toutes les idées sont le produit de la détermination.

Le phonographe n'était rien de plus qu'une idée abstraite jusqu'au jour où Edison l'articula à force de détermination pour la confier à son subconscient, la projetant ainsi dans l'immense réservoir de l'Intelligence Infinie pour obtenir en retour un plan d'étude pratique. Ce plan pratique se traduisit par un appareil qui fonctionne.

C'est par une idée germée dans l'esprit d'Andrew Carnegie que naquit sa philosophie de la réussite personnelle. Il s'appuya sur la détermination et voilà : cette philosophie est à la disposition de millions d'hommes dans le monde civilisé, et ceci, pour leur plus grand avantage.

Bien plus, son idée a de bonnes chances de devenir l'un des leviers de notre univers, car une multitude croissante s'en inspire pour se guider dans un monde agité par des hystéries frénétiques.

C'est à l'idée conçue par l'esprit d'un modeste marin doué de détermination que nous devons la découverte du nouveau monde et son entrée dans l'orbite de la civilisation. Le temps est proche où cette idée, née il y a plus de quatre siècles, fera de notre nation l'avant-poste le plus éclairé du monde civilisé.

Toute idée nourrie dans notre esprit, crainte ou respectée, bonne ou mauvaise, s'y manifeste de façon déterminée. Que tous ceux qui luttent pour se libérer des chaînes du besoin et de la misère gardent présente à leur mémoire cette grande vérité, car elle est aussi vraie des individus que des peuples.

Le lien : l'auto-suggestion

Passons maintenant au principe par lequel nos pensées, idées, projets, espoirs et ambitions, inscrits dans notre conscience, font leur chemin dans notre subconscient, où ils sont captés et menés à leur conclusion logique grâce à une loi de la nature dont nos parlerons plus tard.

Reconnaître ce principe et le comprendre, c'est aussi reconnaître la raison pour laquelle la détermination est à l'origine de toute réalisation.

Le passage de la pensée de la zone consciente à la zone subconsciente de l'esprit peut être accéléré par le procédé de «l'activation», c'est-à-dire la stimulation des vibrations de la pensée par la foi, la peur ou toute autre émotion intense telle que l'enthousiasme et un désir ardent fondé sur la détermination.

Les pensées nourries par la foi ont la priorité sur toutes les autres en ce qui a trait à la détermination et à la rapidité avec laquelle elles sont communiquées au subconscient et mises en oeuvre par celui-ci. La rapidité d'action de la foi a donné naissance à la croyance très répandue que certains phénomènes sont la résultante de « miracles ».

Les psychologues et les savants n'admettent pas l'existence de ces phénomènes appelés miracles et soutiennent que tout ce qui se produit est l'effet d'une cause déterminée, même si elle ne peut être expliquée. Quoi qu'il en soit, il est certain que les personnes capables de libérer leur esprit de toute limitation personnelle, grâce à cette disposition d'esprit nommée la foi, trouvent généralement la solution à tous leurs problèmes quelle que soit leur nature.

Les psychologues reconnaissent que l'Intelligence Infinie, même si elle ne résoud pas de façon automatique tous les problèmes, mène cependant à sa conclusion logique toute idée, projet ou désir clairement articulé et soumis à la zone subconsciente de l'esprit dans une disposition d'esprit inspirée par une foi parfaite.

L'Intelligence Infinie, par ailleurs, ne cherche jamais à altérer, ni à modifier ou à transformer les pensées qui lui sont soumises et elle reste imperméable aux simples souhaits comme à toute idée, pensée ou projet imprécis. Imprégnez-vous de cette vérité et vous disposerez d'une puissance suffisante pour résoudre vos problèmes quotidiens avec beaucoup moins d'efforts que n'en mettent la plupart des gens à se tourmenter à leur sujet.

Ce qu'on appelle « les petites idées » est souvent le signal que l'Intelligence Infinie tente d'atteindre et d'influencer la zone consciente de l'esprit, et vous remarquerez que ces « petites idées » se manifestent en réponse à des idées, projets, ambitions, désirs ou encore à des peurs qui furent communiqués à la zone subconsciente.

Toutes ces « petites idées » devraient être prises au sérieux et examinées avec soin, car elles communiquent souvent, en tout ou en partie, des informations précieuses à la personne qui les reçoit. Ces intuitions se manifestent souvent plusieurs heures, voire des jours ou des semaines après que la pensée qui les inspira ait atteint le réservoir de l'Intelligence Infinie. Entretemps, il est fréquent qu'on ait oublié la pensée qui les inspira.

Voilà donc une question fort sérieuse pour laquelle même les hommes les plus avertis ont peu de réponses. Ce n'est qu'à force de réflexion et de méditation que l'on peut y voir clair.

Si vous comprenez ce principe de fonctionnement de l'esprit, vous serez en mesure de comprendre pourquoi il arrive que la méditation nous apporte parfois ce que nous désirons et parfois ce que nous ne désirons pas.

Ce type d'attitude mentale n'est accessible qu'après préparation et à force de discipline personnelle. On pourra y arriver grâce à une formule dont je vais parler plus tard.

L'une des vérités les plus profondes qui soient veut que le comportement humain, qu'il soit l'expression d'une pensée collective ou d'une pensée personnelle, se modèle exactement sur la forme de ces pensées.

Les hommes qui réussissent ne connaissent leur réussite que parce qu'ils prirent l'habitude de penser en fonction du succès.

La détermination peut et doit occuper l'esprit au point qu'*il ne reste plus de temps ni d'espace à l'esprit pour concevoir l'échec*.

Une autre profonde vérité réside dans le fait qu'une personne qui a connu l'échec et qui l'admet comme tel peut, en inversant la position des « voiles » de son esprit, transformer les souffles de l'adversité en une puissance de volume équivalent qui l'emportera vers les succès :

Un navire court à l'est, l'autre à l'ouest,
Emportés par un seul souffle,
Ce sont leurs voiles, et non les vents,
Qui les entraînent là où ils vont.

Aux yeux de ceux qui se vantent d'être des « esprits pratiques, terre à terre, pragmatiques », cette analyse du principe de la détermination pourra sembler abstraite, loin du réel.

Il existe une puissance plus grande que celle de la pensée consciente et il arrive souvent qu'elle ne soit pas perceptible par notre esprit limité. Il est capital d'accepter cette vérité, si l'on désire voir couronnée de succès toute entreprise précise fondée sur la soif des grandes réalisations.

Tous les grands philosophes, de Platon et de Socrate à Emerson et aux modernes, tous les grands hommes d'État, de Washington à Lincoln, se tournèrent vers leur « moi intérieur » dans les moments de crise.

Nous ne céderons jamais sur ce point : aucune réussite durable, exemplaire, ne fut jamais acquise, et ne le sera jamais, sinon par ceux qui reconnaissent l'existence des puissances spirituelles de l'Infini et qui y puisent par l'intermédiaire des données que leur offre leur « moi intérieur ».

Tous les événements de la vie d'un homme sont la résultante d'une cause précise, qu'ils soient heureux ou malheureux.

Bien plus, la majorité des événements de la vie d'un homme sont la résultante de causes sur lesquelles il peut exercer un contrôle.

Cette vérité évidente donne toute son importance au principe de la détermination. Si la situation d'un homme n'est pas conforme à ce qu'il désire, il peut la modifier en changeant ses dispositions d'esprit et en adoptant des habitudes de pensées nouvelles et plus désirables.

Voici comment la détermination conduit au succès

De tous les chefs d'industrie qui contribuèrent au développement de notre système industriel, il n'en est pas de plus exemplaire que Chrysler.

Son histoire devrait inspirer l'espoir à tout jeune Américain qui aspire à la renommée ou à la fortune; elle fournit bel et bien la preuve de la puissance que l'on peut acquérir, si l'on agit avec détermination.

Chrysler fit ses débuts dans la vie comme mécanicien dans un entrepôt de chemins de fer à Salt Lake City. Il avait réussi à épargner un peu plus de 4 000 $ qu'il avait l'intention d'utiliser pour monter sa propre affaire.

Après avoir fait un tour d'horizon des entreprises, il décida que l'industrie d'avenir était celle de l'automobile, aussi choisit-il ce domaine.

Son entrée dans le domaine des affaires fut à la fois originale et pittoresque; sa première initiative devait choquer ses amis et sa famille : il investit *toutes ses économies jusqu'au dernier sou* dans l'achat d'une automobile. Lorsque sa voiture arriva à Salt Lake City, il réserva une autre surprise à ses amis : il la démonta pièce par pièce dans l'atelier.

Puis il entreprit de la remonter.

Il répéta si souvent cette opération que certains de ses amis se demandaient s'il n'avait pas perdu la tête. C'est qu'ils ne comprenaient pas son projet. Ils observaient ce qu'il faisait, et cela leur semblait gratuit, absurde, mais ce qu'ils ne voyaient pas, c'était le plan qui prenait forme dans l'esprit de Chrysler.

Il imprégnait son esprit de mécanique automobile, voilà ce qu'il faisait !

Il se saturait de détermination ! Il étudiait sa voiture jusque dans les moindres petits détails. Quand il en eut fini avec ses démontages et ses remontages, il connaissait sur le bout des doigts les qualités et les défauts de sa construction.

Fort de cette expérience, il se mit à construire des voitures qui réunissaient toutes les qualités de la sienne et en élimina tous les défauts. Il réussit si bien que, lorsque les premières automobiles Chrysler arrivèrent sur le marché, elles firent sensation dans l'industrie.

Son accession à la renommée et à la fortune fut rapide et définitive : avant même de commencer, il savait où il allait, et il s'était préparé avec une application farouche à son entreprise.

Observez bien les hommes qui agissent avec détermination, quel que soit leur domaine d'activité, et vous serez surpris de constater avec quelle facilité ils s'attirent la collaboration amicale des autres, comment ils surmontent les résistances et obtiennent ce qu'ils veulent.

Étudiez le cas de Chrysler et observez comme il s'assura les douze richesses de la vie et en tira le maximum de profit.

Il commença par s'assurer la plus importante de toutes : *une attitude mentale positive*.

Celle-ci lui procura un terrain fertile où planter et cultiver la semence de son objectif vital : la construction d'automobiles de qualité.

Il acquit ensuite, une à une, les autres richesses : la santé, l'harmonie dans les relations humaines, l'absence de peur, le goût de réussir, l'aptitude à la foi, le désir de partager ses richesses, une oeuvre d'amour, un esprit ouvert à tout, la maîtrise de soi, l'aptitude à comprendre autrui et enfin, la sécurité matérielle.

Ce qui étonne le plus dans sa réussite, c'est sa simplicité : son capital de départ, comme son instruction, étaient très limités et il n'avait aucun protecteur puissant pour l'épauler dans son entreprise.

Ce qu'il avait, par contre, c'était une idée pratique et assez d'esprit d'initiative pour aller de l'avant avec les moyens du bord. Tout ce dont il eut besoin pour faire une réalité de son objectif vital semble s'être, comme par miracle, présenté à lui aussitôt qu'il fut prêt à en tirer profit, phénomène qui n'est pas rare chez les hommes qui agissent avec détermination.

Une résolution de 2 000 000 de dollars

Peu après la parution de *Réfléchissez et devenez riche**, un volume consacré à l'interprétation d'un aspect de la philosophie de la réussite personnelle d'Andrew Carnegie, l'éditeur se mit à recevoir des commandes télégraphiques de libraires de la région de Des Moines, en Iowa.

Ces commandes demandaient que l'ouvrage soit envoyé sans délai. La raison de cette soudaine demande demeura un mystère pendant plusieurs semaines, jusqu'au jour où l'éditeur reçut une lettre d'un certain Edward Chase, agent d'assurance-vie de la Sun Life, qui disait :

« Je vous écris pour vous exprimer ma reconnaisance pour votre ouvrage : *Réfléchissez et devenez riche*. J'ai suivi les conseils à la lettre. La résultat ? J'eus une idée qui aboutit à la vente d'une police d'assurance de deux

---

*Hill, Napoleon. Réfléchissez et devenez riche. Montréal: Le Jour, 1985. Le disque compact du même titre est disponible aux éditions Un monde différent (N. du T.).

millions de dollars, le plus gros contrat jamais passé à Des Moines. »

La phrase clef dans la lettre de monsieur Chase est bel et bien : « J'ai suivi les conseils à la lettre. »

Il mit cette idée en action avec détermination, et ceci lui permit de gagner en une heure plus d'argent que la plupart des agents d'assurance n'en gagnent en cinq années d'efforts.

En une simple phrase, monsieur Chase résume toute l'histoire d'une transaction qui le fit passer de la catégorie des agents d'assurance ordinaires au Club exclusif des millionnaires.

Lorsqu'il partit pour vendre une police d'assurance-vie de deux millions de dollars, il était accompagné d'une forme de détermination renforcée par la foi. Il ne s'était pas contenté de lire rapidement le livre, comme l'ont peut-être fait plusieurs millions d'autres hommes, pour ensuite l'oublier en prenant une attitude de cynisme et de doute, et en se disant que les principes qui y étaient présentés valaient pour les autres, mais non pour lui.

Non, il l'avait lu l'esprit ouvert, avec curiosité, et il avait accepté de reconnaître la puissance des idées présentées. Il avait fait siennes ces idées et les avait mises en oeuvre avec détermination.

Au cours de sa lecture, l'esprit de monsieur Chase était entré en contact avec l'esprit de l'auteur; ce contact avait si bien stimulé son propre esprit qu'une idée en était née : vendre le plus gros contrat d'assurance-vie qu'il ait jamais rêvé vendre. Cette transaction était devenue son objectif vital immédiat. Il se mit à l'oeuvre immédiatement et, en moins d'une heure, son objectif était atteint.

Un homme animé par la détermination et qui mobilise ses forces spirituelles vers son objectif peut doubler au poteau celui qui est indécis, peu importe qu'il soit agent d'assurance ou employé à la voirie.

Une idée forte et précise, lorsqu'elle est active, peut si bien modifier la biochimie de notre esprit qu'elle acquiert des qualités spirituelles imperméables à l'échec.

La grande faiblesse de la plupart des gens tient à ce qu'ils se représentent les obstacles qu'ils doivent surmonter et oublient qu'ils disposent d'une énergie spirituelle capable de briser ces obstacles à volonté.

La voie de la maîtrise

Les richesses, les vraies richesses de la vie, augmentent en proportion exacte de l'importance des avantages qu'elles assurent à ceux qui les partagent. Ceci, je l'affirme, est la stricte vérité, car je suis devenu riche en partageant. Je n'ai jamais aidé autrui, de quelque manière que ce soit, sans avoir reçu dix fois plus d'aide en retour.

L'une des plus grandes vérités que j'aie apprises, c'est que la manière la plus sûre de trouver la solution de ses problèmes consiste à trouver quelqu'un qui en a plus que soi et de l'aider à les résoudre. Ceci est l'application de la méthode qui veut que l'on en fasse plus que ce que les autres attendent de nous.

Cette méthode est simple, séduisante, magique et réussit à tout coup.

Vous ne pouvez pas, cependant, vous approprier cette méthode sur la seule foi de mon témoignage. Vous devez l'adopter et l'appliquer à votre façon. Alors, et alors seulement, vous serez convaincu de sa valeur.

Vous découvrirez que le monde est plein d'occasions.

En aidant les autres à trouver leur voie, *vous trouverez votre propre voie* !

Vous pourriez, par exemple, créer un club de rencontres à l'intention de vos voisins ou de vos collègues, et y jouer le rôle d'animateur et d'initiateur.

Vous découvrirez alors une autre grande vérité : la meilleure méthode pour assimiler les principes de la philosophie de la réussite personnelle est de l'enseigner aux autres. C'est en enseignant qu'on développe sa connaissance.

Vous étudiez en ce moment cette philosophie, mais vous pouvez devenir un maître en l'enseignant aux autres. Ainsi recevrez-vous votre récompense à l'avance.

Si vous travaillez dans l'industrie, une merveilleuse occasion vous est ici offerte de découvrir votre voie en aidant les autres à établir entre eux des relations inspirées par la paix et l'harmonie. Cette vérité est de la plus haute valeur, car elle se fonde sur l'expérience d'hommes issus de toutes les positions sociales.

Le monde du travail n'a pas besoin d'agitateurs; ce qu'il lui faut, ce sont des *pacificateurs*. Il a également besoin d'une saine philosophie pour l'inspirer, une philosophie avantageuse tant pour la direction que pour la main-d'oeuvre. Les objectifs de notre philosophie sont parfaitement adaptés à cette fin.

Les chefs syndicaux qui s'inspireront de cette philosophie pour guider les ouvriers obtiendront *la confiance de ces derniers et une entière collaboration de la part des employeurs*. N'est-ce pas évident ? Les avantages qu'elle promet ne justifient-ils pas son adoption ? Un syndicat inspiré par ses principes profiterait à toutes les personnes concernées. Les frictions céderaient la place à l'harmonie dans les relations humaines. Les agitateurs et les exploiteurs seraient automatiquement éliminés. Les fonds des syndicats serviraient à l'éducation de leurs membres et non aux intrigues politiques.

Une plus grande part des profits pourrait être distribuée sous forme de salaires, *profits que la direction préférerait donner à ses travailleurs au lieu d'être contrainte à les placer dans un fonds spécial de protection contre les entreprises destructrices des agitateurs*. Le domaine de l'industrie gagnerait à mettre en place des clubs de solidarité; de fait, il y a place pour nombre de ces clubs dans toute grande industrie. Ainsi, les membres de ces clubs regrouperaient tant les cadres que les ouvriers, qui s'accorderaient dès lors sur une même base s'édifiant sur des principes faisant l'unanimité.

J'insiste sur ce domaine parce que je sais que le chaos qui existe dans les relations entre les cadres et les ouvriers constituent *le problème économique numéro un du pays*.

Si vous n'avez pas encore adopté un objectif vital, vous avez ici l'occasion de le faire. En effet vous pouvez commencer sur-le-champ, en aidant à enseigner cette philosophie à ceux qui en ont besoin.

Le temps est venu où non seulement il est avantageux d'aider son voisin à résoudre ses problèmes personnels, *mais en plus, il est impératif de le faire pour notre propre sauvegarde*.

Si la maison de votre voisin prenait feu, vous vous porteriez volontaire pour éteindre l'incendie, même si vous n'êtes pas en bons termes avec lui, car le bon sens vous dirait qu'il vous faut protéger votre propre maison.

Lorsque je conseille l'harmonie entre la direction et les ouvriers, je ne pense pas qu'aux seuls intérêts des cadres. Je sais que si l'harmonie ne prend pas bientôt le dessus, *il n'y aura plus de directeurs ni d'ouvriers comme nous les connaissons maintenant*.

Par contre, l'homme qui possédera une saine philosophie de la vie pourra jouir de grandes possibilités, de beaucoup supérieures à celles qui s'offraient à lui il y a dix ans.

L'homme qui essaye d'avancer dans la vie sans un objectif vital se heurtera à de très grande difficultés, difficultés que tout homme moyen ne sera pas en mesure de maîtriser.

Les avantages les plus profitables de notre monde présent et à venir iront à ceux qui se préparent à exercer des responsabilités dans leur domaine respectif.

Les dirigeants, dans quelque domaine que ce soit, doivent s'appuyer sur une saine philosophie. L'époque du leadership « au petit bonheur » est chose du passé. Il faudra faire preuve de technicité et de compréhension humaine dans le monde qui se prépare.

Les contremaîtres et les superviseurs devront assumer de nouvelles responsabilités dans l'avenir. Ils devront non seulement être qualifiés pour leur emploi, ce qui est essentiel à une production efficace, mais ils devront également être qualifiés pour faire régner l'harmonie parmi les ouvriers dont ils seront responsables.

Les jeunes d'aujourd'hui deviendront les leaders de demain. Qu'allons-nous faire à leur sujet ? Voilà une question capitale. L'essentiel de ce fardeau incombera aux maîtres de nos écoles publiques.

Je mentionne ces faits évidents pour indiquer que l'avenir garde en réserve des occasions de rendre service telles que nous n'en avons jamais connues, des occasions nées de la nécessité dans un monde qui change si rapidement que certains ne savent pas reconnaître l'importance et la nature de ces changements.

Faites vos comptes, vous qui n'avez pas d'objectif vital, et vous découvrirez quelle est votre place dans ce monde en pleine transformation; préparez-vous à saisir vos chances et à en tirer le plus grand bénéfice possible.

Le choix personnel de vos objectifs

Si c'était possible, je pourrais sans aucun doute choisir pour vous un objectif vital parfaitement adapté à vos qualifications et à vos besoins, et vous proposer un plan simple pour l'atteindre; mais je peux vous être plus utile encore en vous enseignant comment le faire pour vous-même.

Ce que vous cherchez va vous être révélé en cours de route. Telle a été l'expérience de la majorité de ceux qui ont étudié cette philosophie.

Lorsque vous l'aurez enfin trouvé, vous le saurez, car l'idée s'imposera avec tant de force que vous ne pourrez pas l'ignorer. Si vous le recherchez avec sincérité, vous pouvez être assuré du résultat.

L'un des impondérables de cette philosophie est qu'elle inspire de nouvelles idées, qu'elle fournit la possibilité de faire des progrès personnels, possibilités jusqu'alors ignorées et qu'elle permet de prendre assez d'initiative pour tirer le meilleur parti de ces occasions.

Cet aspect de notre philosophie ne doit rien au hasard. Il fut conçu pour produire un effet déterminé. Il est, en effet, évident que les occasions qu'un homme crée pour lui-même comme les idées que sa propre pensée lui inspire lui sont plus bénéfiques que celles qu'il peut emprunter aux autres. Cela tient au fait que le processus grâce auquel un homme se crée des idées utiles le mène immanquablement à la découverte d'une source où il peut puiser d'autres idées en cas de nécessité.

S'il est vrai qu'il nous est très avantageux d'avoir accès à une source où nous pouvons puiser l'inspiration nécessaire à la création de nouvelles idées, et l'autonomie en ce domaine est extrêmement précieuse, il peut arriver que nous ayons besoin de puiser à même les ressources d'autres esprits. Cela arrivera certainement à ceux qui aspirent aux responsabilités les plus élevées de la réussite personnelle.

Je vais bientôt vous révéler les moyens grâce auxquels on peut atteindre la puissance personnelle, et ceci en réunissant plusieurs esprits appliqués à la réalisation de fins déterminées.

C'est par ces moyens qu'Andrew Carnegie pénétra dans l'univers de l'acier et légua à l'Amérique son industrie la plus importante, alors même qu'il n'avait aucun capital de départ et qu'une instruction très limitée.

C'est par ces moyens qu'Edison devint le plus grand inventeur de tous les temps, alors qu'il n'avait aucune connaissance personnelle de la physique, des mathématiques, de la chimie, de l'électronique, ni de bien d'autres matières scientifiques, toutes aussi essentielles à son travail d'inventeur.

Ceci devrait vous donner espoir de savoir que le manque d'instruction, de ressources en capital ou de qualifications techniques ne peuvent vous empêcher de viser comme objectif vital toute entreprise de votre choix, car notre philosophie permet la réalisation de tout objectif raisonnable par tout homme de capacités moyennes.

La seule chose qu'elle ne puisse faire pour vous, c'est de chosir votre objectif !

Mais lorsque vous aurez défini le vôtre, notre philosophie vous guidera immanquablement vers sa réalisation. C'est une promesse faite sans aucune réserve.

Nous ne pouvons vous dire ce que vous devriez désirer, ni quel succès en espérer. Ce que nous pouvons faire, c'est vous indiquer la formule qui permet de réussir.

Il vous revient à présent de découvrir ce que vous désirez dans la vie, ce vers quoi vous vous dirigez et ce que vous ferez lorsque vous aurez réussi. Voilà une responsabilité que personne ne peut assumer à votre place, et c'est une responsabilité que 98 personnes sur cent n'assument jamais. *Voilà la principale raison pour laquelle il n'y a que deux personnes sur cent qui réussissent vraiment.*

La puissance d'un désir ardent

La réussite commence par la détermination !

Si nous insistons sur ce fait, c'est parce qu'il y a 98% des gens qui ont tendance à toujours remettre à plus tard. Ils traversent ainsi la vie sans se choisir un objectif vital.

Si la détermination est si précieuse, c'est que peu de gens la possèdent.

Et pourtant c'est un atout que l'on peut obtenir en l'espace d'une seconde.

Décidez de ce que vous voulez dans la vie. Décidez que vous obtiendrez ça et pas autre chose. Voilà, vous possédez l'un des atouts les plus précieux qui soient.

Mais votre désir ne doit pas être simplement un voeu pieux !

Il doit être *ardent* et doit occuper votre esprit à un point tel que vous soyez disposé à en payer le prix, quel qu'il soit. Ce prix peut être faible ou élevé, mais vous devez conditionner votre esprit à le payer.

Dès que vous aurez déterminé votre objectif vital, vous remarquerez un phénomène curieux : les moyens pour le réaliser commenceront immédiatement à se présenter à vous.

Vous découvrirez des occasions que vous n'attendiez pas.

Vous découvrirez qu'on sera prêt à vous épauler; des amitiés se présenteront comme par miracle. Vos doutes et vos craintes commenceront à se dissiper. Vous deviendrez autonome.

Pour les esprits non avertis, ceci pourra paraître une promesse fantastique, mais certes pas pour ceux qui se sont libérés de l'indécision et se sont choisi un but déterminé dans l'existence. Ce n'est pas seulement mon expérience des hommes qui me fait parler ainsi, mais bien mon expérience personnelle. Du triste raté que j'étais, je parvins à la réussite; j'ai donc le droit de vous donner l'assurance de ce que vous pouvez attendre si vous suivez la méthode proposée par cette philosophie.

Lorsque vous connaîtrez ce moment d'inspiration où vous choisirez votre objectif vital, ne vous laissez pas décourager si votre famille ou vos amis vous traitent de « rêveur ».

Souvenez-vous que les rêveurs ont toujours été les précurseurs du progrès.

Ne vous laissez donc pas décourager, mais canalisez vos rêves vers une action inspirée par la détermination. Vos chances de réussite sont aussi grandes que celles des hommes qui vous ont précédé. En fait, elles sont plus grandes à bien des égards, car vous pouvez maintenant profiter de la connaissance des principes de la réussite personnelle que des millions d'hommes qui réussirent dans le passé durent apprendre à force de patience et de ténacité.

L'homme qui savait ce qu'il voulait

Lloyd Collier naquit dans une ferme de la région de Whiteville, en Caroline du Nord. Les moyens de sa famille étant limités, il n'eut pas la chance de poursuivre longtemps ses études et dut, bien qu'il fût encore très jeune, faire son chemin tout seul dans la vie.

Au cours de son adolescence, il perdit l'usage de ses jambes à la suite d'une maladie. Il aurait pu se retrouver assis au coin d'une rue, condamné à vendre des crayons, une timbale à la main.

Un groupe d'hommes d'affaires de Whiteville réunit des fonds pour envoyer Lloyd dans une école technique où il apprit à réparer les montres. Ses études terminées, il put installer gratuitement son atelier au fond d'un petit magasin de détail pour y exercer son métier d'horloger.

En dépit de son handicap, il ne perdit jamais sa confiance en lui-même ni son bon caractère, deux traits de sa personnalité qui lui attirèrent rapidement des amis et beaucoup de clients.

Lloyd découvrit alors : *Réfléchissez et devenez riche*. Ce livre produisit sur lui une si forte impression qu'il adopta immédiatement la formule de réussite d'Andrew Carnegie.

Il commença par écrire son *objectif vital*. Il l'apprit par coeur et le répéta plusieurs fois par jour. Ceci lui permit de devenir propriétaire de la plus belle bijouterie de Whiteville, d'épouser une jeune femme ravissante, de posséder une belle maison et d'élever plusieurs enfants.

Voilà bien une réussite impressionnante pour un handicapé parti de rien.

Mais il parvint à la réussite ! Il réussit à atteindre tous les objectifs qu'il s'était fixés. De plus, il y arriva assez jeune pour pouvoir longtemps profiter des fruits de son labeur.

Il se déplace en chaise roulante, conduit sa propre voiture spécialement équipée, et n'a besoin de l'aide de personne. Des employés de confiance s'occupent de sa bijouterie et sa femme fait la comptabilité. Si vous visitez son magasin, il vous accueillera chaleureusement, dans son fauteuil roulant. Et vous aurez le sentiment d'être en présence d'un homme dont l'infirmité n'est absolument pas un handicap.

Lloyd Collier adopta une habitude que pourraient bien suivre des gens mieux nantis physiquement que lui : il exprime tous les jours sa gratitude par une prière d'action de grâces pour le bonheur dont il jouit en dépit de son handicap physique, et les relations qu'il établit jour après jour avec les autres ne laissent aucune place à la pitié. Ce qu'il cherche, c'est l'occasion de partager son bonheur avec ceux qui sont moins favorisés que lui, car il estime que ce n'est qu'en partageant qu'on accroît et qu'on multiplie son bonheur.

L'exemple de Lloyd Collier fait ressortir la différence qui existe entre l'homme qui vend ses crayons au coin de la rue et celui qui a atteint l'indépendance financière et qui a trouvé la paix de l'esprit. La différence réside surtout dans l'attitude mentale. Lloyd découvrit l'AMP (attitude mentale positive) et obtint ainsi ce qu'il recherchait.

Chaque fois que vous serez tenté de vous apitoyer sur vous-même, de vous laisser abattre par une AMN (attitude mentale négative), faites donc le voyage à Whiteville pour passer quelques heures en compagnie de Lloyd Collier et vous repartirez fort d'une AMP.

Les hommes avertis partagent généreusement leurs richesses. Ils sont discrets dans leurs confidences et se gardent bien de les faire à mauvais escient. Et lorsqu'ils parlent de leurs projets et de leurs objectifs, c'est au moyen de leurs *actions* et non de leurs mots.

Ces hommes sont toujours prêts à écouter et parlent avec prudence, car ils savent qu'à parler, on n'apprend rien. Tous savent que c'est une folie que de *parler trop* !

Il y a toujours un temps pour parler et un temps pour se taire. Les sages, lorsqu'ils ne savent quel parti prendre, préfèrent garder le silence.

Les échanges de pensées, au moyen de la conversation, constituent l'une des meilleures *façon* pour recueillir des connaissances utiles, afin de former des plans en vue d'atteindre l'objectif vital et pour trouver les moyens de mener ces plans à terme. Les tables rondes sont une excellente méthode pour les hommes dont la réussite est notoire. Mais il ne faut pas les confondre avec le bavardage, où certains étalent leurs pensées au premier venu.

Je vais bientôt vous parler d'une méthode éprouvée, méthode grâce à laquelle vous pourrez échanger vos pensées avec les autres en étant pratiquement certain d'*obtenir* autant que vous *donnez*, sinon davantage. Grâce à cette méthode, vous pourrez non seulement parler librement des projets qui vous tiennent à coeur, mais il vous sera avantageux de le faire.

Je vais vous faire découvrir un embranchement important par lequel vous pourrez quitter la route secondaire que vous suivez présentement pour vous engager sur l'autoroute qui est clairement indiquée. Vous ne pourrez pas la manquer.

Cette intersection est le point où les hommes de haut calibre se séparent d'une bonne partie de leurs relations pour entrer en contact avec des hommes qui sont prêts à leur donner un coup de pouce dans leur cheminement vers les richesses.

4

L'habitude de donner de sa personne

Un principe important de réussite dans quelque domaine que ce soit consiste à toujours être prêt *à parcourir le kilomètre extra*, c'est-a-dire à offrir un service supérieur à celui pour lequel on est payé et le faire dans une *attitude mentale positive*.

Vous aurez beau chercher un argument contre ce principe, vous ne le trouverez pas; vous ne trouverez pas davantage d'exemple de réussite durable qui n'ait pas été assuré par son application.

Ce principe n'est pas une création humaine; il fait partie du plan de la nature, car il est évident que toute créature inférieure à l'homme est contrainte à l'appliquer pour survivre.

Les hommes peuvent bien ne tenir aucun compte de ce principe s'ils le désirent, mais ils ne peuvent alors jouir des fruits d'une réussite certaine.

Observez comment la nature applique ce principe à la production des fruits de la terre : l'agriculteur est obligé de *donner de sa personne* pour enlever les broussailles, labourer la terre et planter les semences à la bonne époque de l'année, et il n'en reçoit aucun bénéfice à l'avance.

Observez que, s'il accomplit son labeur en harmonie avec les lois de la nature et en fournit une part suffisante, la nature elle-même alors entre en jeu là où s'arrête son effort; elle fait germer les semences et assure la récolte.

Méditez sur ce fait riche de sens : pour chaque grain de blé ou de maïs que l'agriculteur plante, la nature le lui rend au centuple et lui permet ainsi de bénéficier de la loi des *bénéfices croissants*.

La nature *donne d'elle-même* en produisant suffisamment de tout pour ses besoins, sans compter le surplus pour les cas d'urgence et les pertes : les fruits des arbres, leurs fleurs, les grenouilles dans les mares et les poissons dans la mer, par exemple.

La nature *donne d'elle-même* en produisant ses créatures en nombre suffisant pour qu'elles assurent la perpétuation des espèces, compte tenu de tous les accidents possibles. S'il n'en allait pas ainsi, les espèces vivantes disparaîtraient rapidement.

Certaines personnes croient que les animaux de la jungle et les oiseaux vivent sans travailler, mais les gens avertis savent qu'il n'en est rien. S'il est vrai que la nature fournit la nourriture à toute créature, celle-ci doit travailler pour en obtenir sa part.

Nous constatons ainsi que la nature décourage l'habitude que certains ont acquise de vouloir obtenir quelque chose pour rien.

Les avantages de l'habitude de *faire le kilomètre extra* sont précis et compréhensibles. Examinons-en quelques-uns pour nous en convaincre.

Cette habitude attire d'une façon favorable *l'attention* de ceux qui peuvent nous donner l'occasion d'avancer.

Elle tend à nous rendre indispensables dans divers types de relations humaines et nous permet donc d'obtenir une rétribution supérieure à la moyenne pour nos services.

Elle assure la croissance de l'esprit, le développement des capacités physiques et le perfectionnement en toutes sortes d'entreprises, ce qui augmente nos capacités de gagner de l'argent.

Elle nous assure de garder notre emploi, en période de chômage, et elle nous place même en position avantageuse pour que nous puissions obtenir les meilleurs emplois.

Elle nous permet de bénéficier de la loi des contrastes, *la majorité des gens n'ayant pas cette habitude*.

Elle nous amène à adopter une attitude mentale agréable et positive, essentielle à toute réussite durable.

Elle favorise le développement d'une imagination vive et aiguë, parce qu'elle nous inspire sans cesse pour que nous cherchions de meilleures façons de rendre service.

Elle développe cette qualité importante qu'est l'initiative personnelle.

Elle développe l'autonomie et le courage.

Elle augmente la confiance des autres dans notre intégrité.

Elle nous aide à nous débarrasser de cette mauvaise habitude qui consiste à toujours remettre au lendemain.

Elle stimule notre détermination et nous évite de sombrer dans l'indécision.

Donnez davantage pour obtenir davantage

Il existe une autre raison, plus importante encore, pour adopter l'habitude de *faire le kilomètre extra : elle fournit la seule raison logique de demander une rétribution supérieure*.

Si un homme ne rend pas plus de services que ceux pour lesquels il est payé, il est bien évident qu'il ne mérite rien de plus que son salaire.

Il doit rendre autant de services que ceux pour lesquels il est payé pour conserver son emploi ou sa source de revenu, quel qu'il soit.

Mais il possède toujours le privilège de rendre un surplus de services de façon à accumuler un crédit de bonne volonté et à justifier ses raisons de demander un meilleur salaire ou un meilleur poste.

Tout salarié a une occasion d'avancement en appliquant ce principe; il est important de noter ici que le système américain de la libre entreprise est organisé de façon à fournir à tout travailleur de l'industrie un stimulant approprié pour appliquer ce principe.

Toute pratique, toute philosophie, qui refuse à un homme le privilège de *faire le kilomètre extra* est malsaine et condamnée à l'échec; il est, en effet, évident que ce principe conditionne la rétribution qu'un ouvrier peut recevoir pour des aptitudes exceptionnelles, son expérience ou son instruction; c'est ce principe même qui assure la liberté d'initiative, quelle que soit la profession.

Tout individu, en Amérique, peut gagner sa vie sans *avoir à faire le kilomètre extra*. Beaucoup des gens ne font que cela, mais la sécurité matérielle et le luxe sont réservés, dans ce système américain, à ceux qui intègrent ce principe dans leur philosophie de la vie et l'appliquent jour après jour.

La logique et le bon sens nous obligent à reconnaître la véracité de cette affirmation. Une étude, même superficielle, des plus grandes réussites nous amène à une conclusion similaire.

Les responsables du système sont farouchement attachés au droit qu'a tout travailleur d'adopter et de mettre en pratique ce principe qui veut *que l'on fasse le kilomètre extra*, car ils savent par expérience que la façon dont sera dirigée l'industrie dans le futur dépend d'hommes disposés à suivre ce principe.

Il est connu qu'Andrew Carnegie est, de tous les grands industriels américains, celui qui a le plus contribué à faire naître des gestionnaires efficaces, dont la plupart étaient issus de la classe ouvrière. Nombre d'entre eux accumulèrent des fortunes considérables, ce qu'ils n'auraient pas pu faire sans l'aide de Carnegie.

Le premier test que Carnegie faisait passer à tout travailleur auquel il désirait donner une promotion avait pour objet de déterminer dans quelle mesure celui-ci était disposé à *faire le kilomètre extra*.

C'est ainsi qu'il découvrit Charles Schwab. La première fois qu'il entendit parler de lui, ce dernier travaillait comme journalier dans l'une de ses aciéries. Un examen attentif révéla à Carnegie que Schwab rendait toujours des services supérieurs à ceux pour lesquels il était payé. Il les rendait, en outre, avec plaisir, ce qui lui assurait une grande popularité parmi ses compagnons.

Il obtint de nombreuses promotions pour accéder après plusieurs années au poste de président de la United States Steel Corporation, avec un salaire annuel de 75 000 $!

Les plans les plus ingénieux auxquels recourent les hommes pour obtenir quelque chose pour rien n'auraient jamais pu lui assurer, à lui, simple journalier, un revenu de 75 000 $ s'il n'avait sincèrement adopté ce principe : *faire le kilomètre extra.*

Il arriva même que, outre ce salaire déjà considérable, Carnegie lui paya des primes atteignant jusqu'à 1 000 000 de dollars.

Quand on demanda à Carnegie pourquoi il avait donné à Schwab une prime qui excédait à ce point son salaire, il répondit en des termes sur lesquels tout travailleur, quel que soit son emploi et son revenu, devrait bien méditer: « Je lui ai donné son salaire pour le travail qu'il a fait, et la prime pour sa disposition à *faire le kilomètre extra*, ce qui constitue un exemple excellent pour ses compagnons. »

Relisez bien ! Un salaire de 75 000 $ par an pour un homme qui commença comme journalier et une prime s'élevant à plus de dix fois cette somme pour sa disposition à en faire plus que ce pour quoi il était payé.

Faire le kilomètre extra, c'est vraiment payant, car c'est créer une obligation à autrui.

Personne n'est obligé de prendre cette habitude, et il est rare qu'on nous demande d'en faire davantage que ce pour quoi nous sommes payés. C'est donc de notre propre initiative que nous adoptons cette habitude.

La constitution américaine assure ce privilège à chacun et le système récompense ceux qui adoptent cette habitude : il est en effet impossible que l'on ne reçoive pas, dans ce cas, une juste rétribution.

Cette rétribution prend bien des formes différentes : augmentations de salaire, promotions, conditions et relations de travail agréables; tout ceci apporte une sécurité matérielle que l'on atteint par ses propres mérites.

On retire encore un autre avantage de la pratique de cette habitude : *faire le kilomètre extra nous maintient en bons termes avec notre conscience et stimule notre âme* ! Cette habitude, plus que toute autre, nous assure un bon caractère.

Vous qui avez des enfants qui arrivent à l'âge adulte, pensez à tout le profit qu'ils peuvent en tirer ! Enseignez-leur à rendre plus de services et de meilleurs qu'on en attend d'eux généralement; vous leur formerez ainsi le caractère et préparerez leur avenir.

La philosophie d'Andrew Carnegie est essentiellement une philosophie de l'économie. Mais elle est bien plus que cela. C'est aussi une éthique des relations humaines. Elle assure l'harmonie, la compréhension et la sympathie envers les humbles et les malheureux. Elle nous enseigne comment veiller au bien de notre prochain et nous en récompense.

L'habitude de *faire le kilomètre extra* ne constitue que l'un des dix-sept principes de cette philosophie destinée à ceux qui recherchent les richesses; considérons maintenant sa relation avec les douze richesses.

En premier lieu, cette habitude est étroitement liée au développement de la plus importante des douze richesses: une *attitude mentale positive*. Lorsqu'un homme en est arrivé à maîtriser ses propres émotions et à rendre des services utiles aux autres, cet art précieux de l'expression personnelle, il est bien engagé sur la voie d'une attitude mentale positive.

Cette attitude mentale positive modèle la pensée et les autres richesses suivent aussi sûrement que la nuit suit le jour. Admettez cette vérité et vous comprendrez pourquoi cette habitude assure des avantages bien supérieurs à la simple accumulation des richesses matérielles. Vous comprendrez aussi pourquoi elle occupe la première place dans la philosophie de la réussite personnelle.

Un homme précieux

Remarquons maintenant que la recommandation qui vous est ici faite de rendre des services supérieurs à ceux pous lesquels vous êtes payé est paradoxale: en effet, *il est impossible qu'on rende de tels services sans en recevoir leur juste rétribution*. Cette rétribution peut prendre différentes formes, venir de plusieurs sources différentes, dont certaines sont étranges et inattendues, mais elle nous est assurée.

Le travailleur qui rend de tels services ne recevra pas nécessairement sa juste rétribution de la personne à laquelle il rend ces services, mais cette habitude lui amènera de nombreuses occasions d'amélioration personnelle, parmi lesquelles se trouveront de nouveaux emplois plus intéressants. C'est indirectement qu'il sera alors rétribué.

C'est cette vérité qu'Emerson avait à l'esprit, lorsqu'il a dit, dans son essai sur la rétribution: « Si tu sers un maître indifférent, sers-le doublement. Fais de Dieu ton obligé. Chacun de tes actes te sera repayé. Plus tu attendras ta récompense, mieux ce sera; *ton capital accru de ses intérêts sera repayé au centuple : telle est la règle de ce grand Financier.* »

Pour continuer ce paradoxe, dites-vous que le temps le plus précieux qu'un homme consacre à son travail est celui pour lequel il ne reçoit pas de rétribution financière directe ou immédiate. Il faut se rappeler qu'il existe deux sortes de rétributions pour le salarié. La première est celle qu'il reçoit en argent. *La seconde est l'expérience qu'il retire de ses actions.* Voilà une forme de rétribution qui vaut souvent bien mieux que l'argent, car l'habileté technique et l'expérience constituent l'atout le plus précieux d'un travailleur et lui assurent des augmentations de salaire et des promotions.

L'attitude de l'homme qui a l'habitude de *faire le kilomètre extra* est la suivante : *il reconnaît qu'il est bel et bien payé*, en se préparant à recevoir un meilleur poste et un meilleur salaire !

Voilà un atout dont aucun travailleur ne peut être privé, quelle que soit la cupidité ou l'avarice de son présent employeur. C'est ce « capital accru de ses intérêts » dont parle Emerson.

C'est ce même atout qui permit à Charles Schwab, simple manoeuvre, de gravir, un à un, tous les échelons, pour atteindre le poste le plus élevé que pouvait lui offrir son employeur; et c'est cet atout qui lui assura une prime de plus de dix fois supérieure au montant de son salaire.

Cette prime d'un million de dollars le récompensait d'avoir toujours fait de son mieux dans tous les postes qu'il avait occupés. Ceci ne dépendait *purement et simplement* que de lui-même. Il ne l'aurait sans doute pas fait s'il n'avait pas pris l'habitude de *faire le kilomètre extra*.

Cela ne dépendait pratiquement pas de Carnegie. Ayons la générosité de supposer que, si Carnegie paya cette prime, c'est parce qu'il savait que Schwab avait gagné cet argent qui ne lui avait pas été promis. Mais il se peut qu'il ait préféré payer plutôt que de perdre un collaborateur aussi précieux.

Notons ici que la personne qui adopte l'habitude de *faire le kilomètre extra* place l'acheteur dans la double obligation de lui assurer une juste rétribution, la première dépendant de son sens de la justice et la seconde de *sa crainte de perdre un collaborateur précieux*.

Nous constatons donc que, quelle que soit la façon dont nous considérions ce principe, la réponse demeure toujours la même : son adoption paye « un capital accru de ses intérêts ».

Et nous comprenons également ce que ce grand chevalier de l'industrie avait en tête, lorsqu'il dit : *« Ce qui m'intéresse personnellement, ce n'est pas tant la loi des 40 heures hebdomadaires; c'est plutôt de trouver le moyen d'arriver à mettre quarante heures dans une journée. »*

L'homme qui fit cette déclaration jouit en abondance des douze richesses et il admet sans difficulté que s'il y arriva en partant de rien, c'est qu'il prit l'habitude de *toujours faire le kilomètre extra.*

C'est ce même homme qui dit : « Si je devais miser toutes mes chances de réussite sur un seul des dix-sept principes, je choisirais sans hésitation le principe du *don de soi.* »

Il n'eut heureusement pas à faire ce choix, car les dix-sept principes de la réussite personnelle sont comme les maillons d'une seule chaîne. C'est en coordonnant leur emploi qu'ils atteignent leur puissance maximale. En omettre un seul serait les affaiblir, tout comme une chaîne s'affaiblit de la perte d'un seul de ses maillons.

Ce ne sont pas ces dix-sept principes qui constituent une puissance en soi, c'est *l'application qu'on en fait* ! Lorsqu'ils sont mis en pratique, ils modifient la « chimie » de l'esprit et lui font adopter une attitude mentale positive. C'est cette *attitude mentale positive* qui attire la réussite, en nous faisant atteindre les douze richesses.

Chacun de ces principes représente une qualité déterminée et positive de l'esprit et toute situation qui requiert la puissance de l'esprit demande que l'on fasse appel à l'une ou à l'autre des combinaisons de ces principes.

On peut faire un rapprochement entre ces dix-sept principes et les vingt-six lettres de l'alphabet dont la combinaison permet l'expression de toute pensée humaine. Chaque lettre en soi n'a aucun sens mais, combinées entre elles, les lettres expriment toutes les pensées que nous pouvons concevoir.

Les dix-sept principes sont « l'alphabet » de la réussite personnelle; tous les talents s'y manifestent sous leur forme la plus accomplie. Aussi fournissent-ils les moyens par lesquels chacun peut obtenir le passe-partout vers les richesses.

5

L'amour, grand émancipateur de l'humanité

L'amour est la plus belle expérience que l'on puisse vivre. Il nous fait communiquer avec l'Intelligence Infinie.

Lorsqu'il s'associe à l'émotion sexuelle et au romantisme, il nous fait atteindre le sommet de la réussite personnelle grâce à *la vision créatrice*.

Les émotions sexuelle, amoureuse et romantique forment les trois côtés du triangle éternel de la réussite que l'on appelle le génie.

L'amour est la manifestation de la nature spirituelle de l'homme.

La sexualité est d'ordre purement biologique, mais elle constitue le ressort de l'action dans toute entreprise créatrice, de la plus modeste créature à la plus accomplie de toutes les créations : l'homme.

Lorsque l'amour et la sexualité se conjuguent dans le romantisme, le monde a bien des raisons de se réjouir, car, de cette conjonction naissent les grands leaders et les pensées profondes de l'humanité.

L'amour rassemble les hommes !

L'amour dissipe l'égoïsme, la cupidité, la jalousie et l'envie; il transforme le plus humble des hommes en roi. Là où il n'y a pas d'amour, il n'y a pas de vraie grandeur.

Il ne faut pas confondre l'amour dont je parle avec les émotions de la sexualité car l'amour, dans sa forme la plus accomplie, consiste en la combinaison du triangle éternel, *mais il dépasse chacune de ses composantes.*

L'amour dont je parle, c'est « l'élan vital », la puissance vitale, le ressort de l'action, de toute entreprise créatrice qui a mené l'humanité à son présent état de raffinement et de culture.

C'est le facteur par excellence qui fait la distinction entre l'homme et toutes les autres créatures de l'univers. C'est le facteur qui détermine la place que chacun occupe dans le coeur des hommes.

L'amour forme la base d'où s'élève la première des douzes richesses, *une attitude mentale positive.* Soyons certains qu'aucun homme n'est jamais vraiment devenu riche sans lui.

L'amour est la substance même des onze autres richesses. Il leur donne éclat et durabilité; la preuve nous en est donnée par une observation rapide de ceux qui ont acquis les richesses matérielles sans l'amour.

L'habitude de faire le kilomètre extra permet d'accéder à l'esprit de l'amour, car l'amour ne connaît pas de plus belle expression que celle qui consiste à rendre généreusement service aux autres.

Emerson possédait la vision de cet amour auquel je pense : *Ceux qui sont capables d'humilité, de justice, d'amour et d'élan occupent déjà la plate-forme des sciences et des arts, de la parole et de la poésie, de l'action et de la grâce*. Car celui qui connaît cette béatitude terrestre nourrit déjà en son sein ces puissances spéciales que les hommes estiment tant…

« Les êtres magnanimes savent fort bien que ce qu'ils donnent en temps, en argent ou en gîte à l'étranger, dans un esprit d'amour et sans ostentation, font ainsi de Dieu leur débiteur, tellement la loi universelle de rétribution est parfaite. Ils sont, d'une façon ou d'une autre, payés pour le temps qu'ils ont perdu pour la peine qu'ils se sont donnée. Ces hommes gardent haute et vive la flamme de l'amour humain et élèvent les vertus civiques du genre humain. »

Les plus grands esprits de tous les temps ont vu dans l'amour le baume de toutes les douleurs, le lien entre tous les hommes. L'un des esprits les plus éclairés qui ait vu le jour dans notre pays s'exprima ainsi sur l'amour, dans un texte promis à l'éternité :

« …L'amour est l'unique arc-en-ciel dans les sombres nuées de la vie.

« C'est l'étoile du soir et celle du matin.

« Il luit sur le jeune enfant, éclaire la pierre tranquille de notre tombeau.

« Il veille sur les arts, inspire le poète, le patriote et le philosophe.

« C'est l'espace et la lumière de tous les coeurs, le bâtisseur des foyers, le gardien veillant sur le feu dans chaque cheminée.

« Il fut le premier à rêver d'immortalité.

« Il remplit le monde de sa mélodie, car la musique est la voix de l'amour.

« L'amour est le magicien, l'enchanteur, qui fait d'un rien une joie et transforme le plus humble en roi.

« C'est le parfum du coeur, cette fleur enchantée, et sans sa passion sacrée, sa divine pâmoison, nous sommes moins que des bêtes; mais grâce à lui, la terre est paradis, nous devenons des dieux.

« L'amour transfigure. Il ennoblit, purifie et glorifie.

« L'amour est une révélation, une création. Le monde doit sa beauté et les cieux leur gloire à l'amour. La justice, le sacrifice, la charité et la pitié sont les enfants de l'amour... Là où l'amour n'est pas, toute gloire s'affadit, la noblesse perd sa vie, les arts expirent, la musique s'abolit, perd son sens, et la vertu meurt. »

Un homme vraiment grand aime l'humanité entière.

Il aime les bons et les méchants. Il aime les bons avec *fierté*, *admiration* et *joie*. Il aime les méchants avec *pitié* et *douleur*, car il sait, s'il est vraiment grand, que les défauts et les qualités des hommes sont souvent l'effet de circonstances sur lesquelles, à cause de leur ignorance, ils n'ont que peu de contrôle.

Quand un homme est vraiment grand, il éprouve de la compassion, se montre tolérant. Lorsqu'il lui faut juger les autres, il le fait avec une tendre indulgence dans sa justice et se place aux côtés des faibles, des ignorants et des miséreux.

Il ne fait pas le kilomètre extra que dans un esprit d'amitié, il le fait *délibérément et de bonne grâce*. Et il donnera autant de soi qu'il le faudra.

Les avantages du don de soi

On ne fait jamais rien volontairement sans un motif. Essayons de voir si nous pouvons découvrir un motif valable qui justifie l'habitude de *faire le kilomètre extra*. Considérons pour cela quelques exemples.

Il y a de cela bien des années, une dame âgée se promenait dans un grand magasin de Pittsburgh pour passer le temps, selon toute apparence. Elle allait de comptoir en comptoir sans que personne ne lui prête la moindre attention : les vendeurs, estimant qu'elle n'était pas une cliente « sérieuse », détournaient les yeux lorsqu'elle s'approchait de leurs comptoirs...

Ils ne savaient pas à côté de quelle *affaire* ils passaient!

La dame s'approcha finalement d'un comptoir tenu par un jeune vendeur, celui-ci s'inclina poliment et lui demanda s'il pouvait l'aider.

« Non merci, répondit-elle, je ne fais que passer le temps en attendant que la pluie s'arrête pour rentrer chez moi. »

« Très bien, madame, dit en souriant le vendeur, est-ce que je peux vous apporter un fauteuil? » Et il le lui apporta, sans même attendre sa réponse. Quand la pluie cessa, le jeune vendeur lui offrit le bras et l'accompagna jusqu'à la rue, où il lui dit au revoir. Avant de s'éloigner, la dame lui demanda sa carte.

Plusieurs mois passèrent... Un jour, le propriétaire du magasin reçut une lettre : on lui demandait d'envoyer ce jeune homme en Écosse pour qu'il commande des meubles pour une maison particulière. Le propriétaire du magasin répondit par le courrier qu'il était désolé, mais que le jeune homme en question ne travaillait plus au rayon de l'ameublement et il ajouta qu'il serait heureux d'envoyer « quelqu'un d'expérimenté » pour cette tâche.

La réponse ne se fit pas attendre : personne d'autre que ce jeune vendeur ne ferait l'affaire. Les lettres portaient la signature d'Andrew Carnegie. La « maison » qu'il voulait meubler était le château de Skibo. La dame âgée était la mère de Carnegie. On envoya finalement le jeune vendeur en Écosse. Il y reçut une commande de plusieurs centaines de milliers de dollars et devint l'un des associés du grand magasin en question. Il devait devenir plus tard le propriétaire de la moitié des parts de ce magasin.

Faire le kilomètre extra, c'est vraiment payant.

Il y a quelques années, le rédacteur en chef du *Golden Rule Magazine* fut invité à donner une conférence à l'école Palmer de Davenport, en Iowa. Il demanda son tarif usuel, cent dollars plus les frais de déplacement.

Au cours de son séjour dans ce collège, il accumula assez d'informations pour écrire plusieurs histoires pour son magazine. Il donna sa conférence et allait rentrer à Chicago…

On lui demanda de présenter sa note de frais.

Il refusa d'accepter le moindre sou : il s'estimait, en effet, largement payé par toutes les informations qu'il avait recueillies pour son magazine, et il reprit son train pour Chicago.

Une semaine plus tard, il commença à recevoir de nombreuses demandes d'abonnement en provenance de Davenport, il en reçut en effet pour plus de 6 000 $. Le professeur Palmer lui envoya une lettre dans laquelle il lui expliquait que ces demandes d'abonnement provenaient de ses élèves : ils avaient appris le refus du rédacteur en chef d'accepter l'argent qui lui était dû.

Au cours des deux années suivantes, les élèves et les diplômés de l'école Palmer contractèrent pour plus de 50 000 $ d'abonnements au *Golden Rule Magazine*. Cette histoire fit tellement impression qu'elle fut rapportée dans une revue diffusée dans tous les pays de langue anglaise, et il s'ensuivit encore une avalanche d'abonnements.

Ainsi, en rendant gratuitement pour cent dollars de services, le rédacteur en chef avait mis en jeu la loi des profits croissants et avait bénéficié de plus de 500 fois son investissement de départ. *Faire le kilomètre extra* c'est payant, vraiment payant !

Bien plus, ça produit des dividendes pour l'avenir ! Comme tous les autres types d'investissement, cette habitude rapporte souvent pour toute la durée d'un vie.

Considérons maintenant ce qui se produit, lorsqu'on laisse passer l'occasion de *faire le kilomètre extra*. Une fin d'après-midi pluvieuse, un « vendeur » de voiture de luxe était assis à son bureau, à New York. La porte de la salle d'exposition s'ouvrit et un homme entra d'un pas vif, une canne à la main.

Le « vendeur » leva le nez de son journal et aussitôt décida que c'était encore un de ces clients qui flânent et vous font perdre votre temps. Il se replongea donc dans la lecture de son journal, sans se préoccuper davantage de ce monsieur.

Après avoir fait le tour des voitures exposées, le monsieur à la canne s'approcha du bureau du « vendeur » et, s'appuyant nonchalamment sur sa canne, lui demanda le prix de trois de ces voitures. Sans se donner la peine de lever le nez de son journal, le « vendeur » lui donna le prix et poursuivit sa lecture.

L'homme retourna vers les trois voitures qui l'intéressaient, en fit le tour en tâtant leurs pneus du bout du pied, puis s'approcha du bureau du « travailleur ». « Je ne sais vraiment pas laquelle choisir; peut-être devrais-je les acheter toutes les trois... »

Le vendeur fit alors un sourire narquois, avec l'air de se dire « C'est bien ce que je pensais ».

L'homme à la canne dit alors : « Oh, je crois que je vais en acheter une seule. Envoyez-moi celle aux pneus à flancs jaunes demain matin. Au fait, quel est son prix, déjà ? »

Il sortit son carnet de chèques, en remplit un, le tendit au « vendeur » et sortit comme il était entré. Lorsque le « vendeur » regarda la signature, il passa par toutes les couleurs de l'arc-en-ciel et faillit s'évanouir : l'homme en question était Harry Payne Whitney. S'il s'était seulement donné la peine de se lever de son fauteuil, il aurait pu lui vendre les trois voitures sans aucune difficulté.

Négliger d'offrir le meilleur service dont on soit capable coûte cher; bien des gens apprirent cette vérité trop tard.

Le droit d'exercer son initiative ne veut pas dire grand-chose pour les gens qui sont trop paresseux, trop indifférents pour l'exercer. Beaucoup de gens appartiennent à cette catégorie et ne comprennent pas pourquoi ils n'arrivent pas à s'enrichir.

Il y a plus de quarante ans, un jeune vendeur employé dans une quincaillerie constata que toutes sortes d'articles dépareillés, périmés, n'arrivaient pas à se vendre. Comme il en avait le loisir, il installa une table au centre du magasin et y disposa toutes ces marchandises invendables au prix imbattable de 10 sous l'article. À sa grande surprise et à celle du propriétaire, tous ces articles se vendirent comme des petits pains.

C'est de cette expérience qu'est née la chaîne de magasins bon marché Woolworth. Le jeune homme qui en a conçu l'idée, *en faisant le kilomètre extra*, s'appelait Frank W. Woolworth. Cette idée lui assura une fortune estimée à plus de 50 millions de dollars. Cette même idée fit la fortune de plusieurs autres personnes et inspire toujours de nombreuses chaînes commerciales en Amérique.

Personne n'avait dit au jeune Woolworth de faire usage de son droit à prendre des initiatives. Personne ne l'avait payé à cette fin et, pourtant cette action lui assura des profits toujours croissants. Du jour où il mit son idée en pratique, ses profits se multiplièrent à une allure fantastique

Il y a, dans l'habitude d'en faire plus que pour notre salaire, quelque chose qui nous profite et cela, même dans notre sommeil. C'est comme la lampe d'Aladin;

une fois mis en route, ce système nous attire une foule de petits génies chargés de sacs d'or.

Il y a une trentaine d'années, le wagon de chemin de fer privé de Charles Schwab fut garé près de l'une de ses aciéries en Pennsylvanie. Il gelait, ce matin-là, à pierre fendre. Comme Schwab descendait du wagon, un jeune homme vint en hâte à sa rencontre, un carnet de sténographie à la main; il lui expliqua qu'il était employé comme sténographe au bureau central de la compagnie et qu'il venait voir si monsieur Schwab n'avait pas de lettres à dicter ni de télégrammes à envoyer.

« Qui vous a dit de venir ? », lui demanda Charles Schwab. « Personne, répondit le jeune employé. J'ai vu le télégramme qui annonçait votre arrivée et j'ai décidé de venir à votre rencontre, dans l'espoir de vous être utile. »

Relisez bien cela ! Il était venu dans *l'espoir* qu'il pourrait trouver quelque chose à faire, quelque chose pour quoi il n'était pas payé. Il était venu de sa propre initiative.

Charles Schwab le remercia poliment de sa prévenance et lui dit qu'il n'avait pas besoin d'un sténographe pour le moment. Après avoir soigneusement noté son nom, il renvoya le jeune homme à son bureau.

Le soir même, lorsqu'on accrocha la voiture privée au train de nuit pour New York, elle emportait avec elle le jeune sténographe : il avait été nommé, à la demande de Charles Schwab, assistant du magnat de l'acier au bureau de New York. Le nom de ce jeune employé était Williams. Il devait rester au service de Charles Schwab pendant plusieurs années, au cours desquelles il obtint de nombreuses promotions, sans les avoir jamais demandées.

Il est curieux de constater comme les chances d'avancement semblent sourire aux personnes qui adoptent l'attitude de *faire le kilomètre extra*. La chance se présenta au jeune Williams et il ne put l'ignorer. Il devint président et un important actionnaire de l'une des plus grosses entreprisese pharmaceutiques des États-Unis, une situation qui lui assura une fortune bien plus importante que ses besoins.

Cette anecdote illustre clairement comment fonctionne, et a toujours fonctionné, le système américain.

Les avantages de *faire le kilomètre extra* ne sont pas réservés qu'aux salariés. Cette attitude profite tout autant aux employeurs, comme me raconta un commerçant de mes connaissances.

Son nom est Arthur Nash. Il est tailleur. Il y a quelques années, il était au bord de la faillite. Il ne semblait pas pouvoir contrôler la situation.

L'un de ses plus sérieux handicaps lui venait du défaitisme de ses employés. Ils travaillaient lentement, manifestaient de la mauvaise humeur. La situation devenait catastrophique. Il fallait qu'il agisse, et au plus vite, s'il voulait sauver son affaire.

À bout de ressources, il réunit ses employés et leur exposa la situation. Comme il leur parlait, il eut une idée. Il leur dit qu'il avait lu un article dans le *Golden Rule Magazine* où était recontée l'histoire de son rédacteur en chef, comment il avait *fait le kilomètre extra* en rendant un service gratuit et comment cela lui avait valu pour 6 000 $ de nouveaux abonnements.

Il leur dit alors que s'ils adoptaient cet esprit, *s'ils faisaient tous le kilomètre extra*, l'affaire pourrait être sauvée.

Il leur promit que s'ils acceptaient de tenter l'expérience, il ferait tout son possible pour maintenir l'entreprise à flot, étant bien entendu qu'il ne serait plus question de salaires, d'heures de travail, que chacun se retrousserait les manches, ferait de son mieux, et accepterait le risque de ne pas être payé. Quand l'entreprise pourrait se le permettre, il procéderait au rattrapage de leurs salaires et, en plus, leur donnerait une prime.

L'idée plut aux employés et ils décidèrent de tenter l'aventure. Le lendemain, ils arrivèrent au travail avec leurs modestes économies, qu'ils prêtèrent de plein gré à Arthur Nash.

Tout le monde se remit au travail avec un nouvel esprit et l'affaire recommença à donner signe de vie. Elle permit très rapidement d'assurer un salaire aux employés. Puis elle se mit à prospérer de plus belle.

Dix ans plus tard, Arthur Nash était un homme riche, ses employés plus prospères que jamais et tout le monde était heureux.

Arthur Nash est maintenant décédé, mais son industrie du vêtement connut une réussite exemplaire.

Les employés prirent l'affaire en main, lorsqu'Arthur Nash leur présenta le bilan. Demandez-leur donc ce qu'ils pensent de la méthode qui consiste à *faire un kilomètre extra* !

Vous n'avez qu'à parler avec l'un de ses vendeurs pour constater son enthousiasme, son esprit d'autonomie. Lorsque quelqu'un adopte ce nouvel esprit, il change du tout au tout. Il voit le monde d'un autre oeil, il semble différent parce qu'il est différent.

Le moment est venu de souligner un aspect important de l'attitude qui veut que l'on *donne de soi*, que l'on en fasse plus que ce pour quoi on est payé : *c'est l'influence curieuse qu'elle exerce sur ceux qui l'adoptent*. Son plus grand bénéfice ne va pas à la personne à qui le service profite, mais *à celui qui rend le service*. Elle modifie sa « disposition mentale », lui assure une plus grande influence sur les autres, plus d'autonomie, plus d'initiative, plus d'enthousiasme, plus d'esprit d'avenir, plus d'esprit de décision, de détermination. Ce sont là les qualités de la réussite.

« Agissez et vous aurez la puissance », a dit Emerson. Oui, *la puissance* ! Que peut, dans notre monde, un homme privé de sa puissance ? Mais attention, ce doit être le type de puissance qui attire les gens au lieu de les faire fuir. Ce doit être une forme de puissance mise en branle par *la loi des profits croissants*, cette loi qui assure à chaque action un effet multiplié.

Comment obtenir sans mal ce que vous désirez

Vous, qui êtes salarié, vous devriez savoir ce que veut dire : on récolte ce que l'on sème. Vous comprendrez alors pourquoi une personne qui sème des services inadéquats ne peut espérer récolter un beau salaire. Vous saurez qu'il faut cesser de demander un plein salaire pour un travail plus ou moins bien fait.

Et pour vous qui n'êtes pas salarié, mais qui désirez connaître ce que la vie a de meilleur à offrir, pourquoi ne pas faire preuve de bon sens et commencer par essayer d'obtenir ce que vous désirez d'une façon sûre et simple. Oui, il existe un façon sûre et simple d'obtenir ce que nous attendons de la vie; et son secret est à la portée de toute personne qui s'applique à fournir des efforts supplémentaires. Il n'existe pas d'autre façon de le connaître, car *c'est notre personne qui en détient le secret.*

Un conte de fées raconte que l'on peut trouver un grand chaudron remplir d'or « au bout d'un arc-en-ciel ». Ceci n'est pas qu'un simple conte de fées; c'est aussi la réalité.

Mais, pour atteindre ce grand chaudron rempli d'or, nous devons fournir des efforts supplémentaires afin de « suivre l'arc-en-ciel ». Et le problème avec la plupart d'entre nous, c'est que nous ne savons pas faire d'efforts. Ceux qui en font savent bien qu'il faut *faire le kilomètre extra* pour pouvoir suivre l'arc-en-ciel qui mène au chaudron rempli d'or.

Une fin d'après-midi, il y a de cela nombre d'années, William Durant, le fondateur de la General Motors, se rendit à sa banque après les heures de fermeture et demanda qu'on lui rende un service normalement assuré pendant les heures d'ouverture au public.

L'homme qui lui rendit ce service était un petit employé du nom de Carol Downes. Il ne se contenta pas de servir efficacement William Durant, il *fit le kilomètre extra*, et le fit *avec courtoisie*. Il fit sentir à William Durant que c'était pour lui un plaisir que de le servir. Ce qui peut sembler banal et, en soi, de peu d'importance, devait à l'insu de Carol Downes, avoir des répercussions considérables.

Le lendemain, Durant demanda à Downes de venir le voir à son bureau et lui offrit un poste que ce dernier accepta. On lui attribua un bureau dans une salle où près de cent personnes travaillaient et on lui précisa que les heures de travail allaient de 8 h 30 du matin à 5 h 30 de l'après-midi. Son salaire de départ était modeste.

À la fin de sa première journée de travail, quand la sonnerie annonça la fermeture, Downes remarqua que tout le monde se ruait vers la sortie. Il resta, quant à lui, assis tranquillement à son bureau, en attendant que les autres soient sortis. Et même quand tout le monde fut sorti, il resta assis à son bureau, s'interrogeant sur la cause d'une telle hâte à quitter les lieux.

Quinze minutes plus tard, Durant ouvrit la porte de son bureau, aperçut Downes et lui demanda s'il avait bien compris qu'il avait le droit de cesser de travailler à 5 h 30.

« Oui, bien sûr, lui répondit Downes, mais je n'avais guère envie de me faire piétiner. C'est l'heure de la bousculade, vous savez. » Il demanda ensuite s'il pouvait se rendre utile. Durant lui répondit qu'il avait besoin d'un crayon. Downes trouva un crayon, l'aiguisa et l'apporta à Durant. Le magnat de l'industrie automobile le remercia et lui souhaita une bonne soirée.

Le lendemain, à la fin de la journée, Downes resta assis à son bureau comme la veille, même après que l'heure de la bousculade eut pris fin. Cette fois, il avait une idée un tête. Durant ne tarda pas à sortir de son bureau et lui demanda s'il avait bien compris que sa journée se terminait à 5 h 30.

« Oui, lui répondit Downes avec un sourire, je sais que c'est la fin de la journée pour les autres, mais personne ne m'a dit que je devais quitter le bureau à la fin de la journée de travail... alors, j'ai décidé de rester ici, dans l'espoir que je pourrais vous être utile d'une façon ou d'une autre. »

« En voilà un *espoir* ! s'exclama Durant. Et comment cette idée vous est-elle venue à l'esprit? »

« Je l'ai eue en observant la ruée à la fin de chaque journée de travail » lui répondit Downes. Durant marmonna quelque chose que Downes ne comprit pas et retourna dans son bureau.

Dès lors, Downes resta toujours à son bureau après la fin de la journée jusqu'au départ de Durant. Il n'était pas payé pour faire ces heures supplémentaires. Personne ne lui avait dit de les faire. Personne ne lui avait promis quoi que ce soit et, aux yeux d'un observateur non averti, *il perdait son temps*.

Plusieurs mois passèrent, quand, un jour, Downes fut convoqué dans le bureau de Durant, qui l'informa qu'il avait été choisi pour se rendre dans une nouvelle usine afin d'y superviser l'installation des machines. Imaginez un peu ! Un employé de banque promu en l'espace de quelques mois au rang d'expert en machines !

Downes accepta sans broncher et se mit au travail. Il ne dit pas « Mais, monsieur Durant, je n'y connais rien » ou « Ce n'est pas mon travail » ou encore « Je ne suis pas payé pour installer des machines». Non, il retroussa ses manches et fit ce qu'on lui demandait. Bien plus, il le fit avec une attitude mentale positive.

Trois mois plus tard, il avait terminé sa mission. Il s'en était si bien acquitté que Durant appela Downes dans son bureau et lui demanda d'où il tirait sa connaissance des machines. «Oh, je n'ai jamais appris, monsieur Durant, lui répondit Downes, j'ai simplement cherché des hommes qui s'y connaissaient, et *ils ont fait le travail.* »

«Bravo ! s'exclama Durant. Il existe deux types d'hommes de valeur. Ceux qui connaissent leur affaire et s'acquittent bien de leur travail, sans se plaindre qu'ils en ont trop sur les bras, et ceux qui obtiennent des autres qu'ils fassent bien leur travail et sans se plaindre. Vous représentez ces deux types d'hommes à la fois. »

Downes le remercia du compliment et s'apprêta à sortir.

«Un instant, lui dit Durant, j'ai oublié de vous dire que vous êtes le nouveau directeur de cette usine que vous venez d'installer et vous aurez un salaire de départ de 50 000 $ par an. »

Les dix années suivantes d'association avec Durant valurent à Carol Downes entre dix et douze millions de dollars. Il devint l'un des conseillers du roi de l'automobile, ce qui lui permit de s'enrichir.

L'ennui avec la plupart d'entre nous, c'est que nous ne considérons les gens qu'une fois qu'ils sont « arrivés » et nous les jugeons à leur heure de gloire sans nous préoccuper de savoir comment ils sont «arrivés».

Il n'y a rien de particulièrement spectaculaire dans l'histoire de Carol Downes. Tout cela s'est passé sans que ses collègues remarquent quoi que ce soit. Et nous ne doutons pas que bon nombre d'entre eux l'aient envié, aient cru qu'il avait été avantagé soit par Durant, par des relations, par la chance, ou enfin par tous ces motifs que trouvent les gens qui ne réussissent pas pour expliquer et excuser le fait qu'ils n'avancent pas dans la vie.

À dire vrai, Downes jouissait d'un avantage auprès de Durant !

Il l'avait créé de sa propre initiative.

Il l'avait créé *en faisant plus que ce qu'on lui demandait* dans une affaire aussi triviale que celle de se donner la peine de tailler un crayon, alors que tout ce qu'on voulait était qu'il en apporte un.

Il l'avait créé en restant à son bureau dans l'espoir de se rendre utile à son employeur après la ruée de 5 h 30.

Il l'avait créé en faisant usage de son droit de faire preuve d'initiative, lorsqu'il avait trouvé des hommes compétents en installation des machines au lieu de demander à Durant où et comment les trouver.

Passez en revue les circonstances de sa réussite, une à une, et vous découvrirez qu'elle est entièrement due à son esprit d'initiative. De plus, son histoire se résume à une série de petites tâches bien accomplies, avec l'attitude d'esprit appropriée.

Cent autres employés auraient peut-être pu s'acquitter de ces tâches aussi bien que Downes, mais l'ennui avec eux, c'était qu'ils recherchaient l'arc-en-ciel en lui tournant le dos, au moment de la ruée de fin d'après-midi.

Plusieurs années plus tard, l'un de ses amis demanda à Carol Downes comment il avait réussi à saisir sa chance avec Durant. « Oh... répondit-il avec modestie, j'ai fait mon possible pour me trouver sur sa route, comme ça il a pu me remarquer. Quand il avait besoin d'un petit service, il m'appelait parce que j'étais la seule personne à l'horizon. *Avec le temps, il a pris l'habitude de m'appeler.* »

Voilà la réponse ! Durant « prit l'habitude » d'appeler Downes. Et, de plus, il se rendit compte que Downes était capable d'assumer des responsabilités *en faisant plus que ce qu'on lui demandait.*

Comme il est regrettable que tous les Américains sans exception ne s'inspirent pas de cet esprit. Qu'il est dommage que nous ne soyons pas plus nombreux à parler plutôt de nos « droits et privilèges » dans le système américain que de l'absence d'occasions d'avancer.

Existe-t-il seulement une personne dans l'Amérique d'aujourd'hui qui puisse sérieusement soutenir qu'il aurait mieux valu que Carol Downes fût obligé par la loi de participer à la ruée des fins d'après-midi ? S'il avait agi ainsi, il aurait reçu le salaire correspondant à son emploi, mais rien de plus. Pourquoi, dans ce cas, aurait-il dû recevoir davantage ?

Sa destinée reposait entre ses propres mains. Elle résidait en ce seul et unique droit qui devrait être partagé par tout Américain : le droit à l'initiative grâce auquel se prend l'habitude de *faire le kilomètre extra.*

Voilà l'histoire résumée en quelques mots. La réussite de Downes n'a pas d'autre secret. Il le reconnaît et tous les témoins de son ascension depuis sa pauvreté jusqu'à la richesse le savent bien.

Il n'y a qu'une chose que personne ne semble savoir : Pourquoi existe-t-il si peu de gens qui, comme Carol Downes, découvrent la puissance en faisant plus que ce pour quoi l'on est payé ? C'est là le secret de toutes les grandes réalisations. Toutes les grandes réussites y ont leur origine, et pourtant ce principe est si mal compris que la majorité des gens y voient un truc habile par lequel les employeurs tâchent de profiter de leurs employés.

Peu après la guerre entre l'Espagne et les États-Unis, Elbert Hubbard écrivit un article qui s'intitulait « Une Dépêche pour Garcia ». Il y racontait brièvement comment le président McKinley avait chargé un jeune soldat du nom de Rowan d'apporter un message du gourvernement des États-Unis à un chef rebelle, Garcia, dont on ne connaissait pas la cachette avec certitude.

Ce jeune soldat prit le message, traversa la jungle cubaine, finit par trouver Garcia et lui remit le message. C'était là toute l'histoire : un simple soldat qui respectait les ordres en dépit des difficultés et menait à bien sa mission sans revenir avec une excuse.

Cette histoire enflamma l'imagination des lecteurs et fit le tour de la planète. Le simple fait qu'un homme ait obéi et se soit acquitté de sa tâche avec succès lui assura les manchettes. *Une Dépêche pour Garcia* fut publié en édition de poche et ses ventes battirent tous les records pour ce type de publication, dépassant les dix millions d'exemplaires. Cette seule histoire rendit Elbert Hubbard célèbre, sans compter la prospérité qu'il en tira.

Cette histoire fut traduite en plusieurs langues. Le gouvernement japonais la publia et la fit distribuer à tous ses soldats au cours de la guerre entre le Japon et la Russie. Les chemins de fer de Pennsylvanie l'offrirent à chacun de leurs milliers d'employés. Les principales compagnies d'assurances des États-Unis en firent cadeau à leurs agents. Bien après que Elbert Hubbard eût disparu lors du désastre du Lusitania en 1915, *Une Dépêche pour Garcia* continua à connaître son exceptionnel succès en librairie.

Cette histoire fut populaire parce qu'elle rayonnait de cette puissance magique qui appartient à l'homme qui remplit sa tâche et qui la remplit bien.

Le monde entier réclame des hommes de cette trempe. Leur besoin se fait sentir dans tous les domaines. L'industrie américaine a toujours réservé ses faveurs aux hommes prêts à assumer des responsabilités, aux hommes capables de s'en acquitter dans la juste « attitude mentale » *en faisant le kilomètre extra nécessaire*.

Andrew Carnegie promut pas moins de quarante hommes de l'humble statut de journalier à celui de millionnaire. Il savait estimer à son juste prix la valeur des hommes qui étaient disposés à *fournir des efforts supplémentaires*. Chaque fois qu'il découvrait un tel homme, il présentait sa « trouvaille » à ses associés les plus proches et lui donnait l'occasion de prouver ce qu'il valait.

Les gens agissent ou s'abstiennent d'agir pour une raison. La meilleure des raisons pour *faire le kilomètre extra* tient au fait que cette attitude paye de durables dividendes de si nombreuses façons qu'il serait impensable ici de vouloir les mentionner.

Personne n'atteignit jamais une réussite durable sans faire davantage que ce pour quoi il était payé. Cette pratique trouve son équivalent dans les lois de la nature. Les preuves de sa validité sont impressionnantes. Elle s'appuie sur le bon sens et sur la justice.

La meilleure des méthodes pour s'assurer de la valeur de ce principe consiste à l'appliquer dans sa vie quotidienne. On ne peut apprendre certaines vérités qu'à force d'expérience.

Les Américains désirent obtenir une part plus importante des vastes ressources de leur pays. C'est un désir respectable. Les richesses sont ici en abondance, mais gardons-nous bien de vouloir les obtenir de la mauvaise façon. C'est en donnant quelque chose de valeur en retour que nous les obtiendrons.

Nous connaissons les règles de la réussite. Faisons-les nôtres, tirons-en parti intelligemment : nous pourrons ainsi acquérir les richesses personnelles que nous réclamons et nous concourrons ainsi à la prospérité de notre pays.

Le cas de l'employeur rapace

Certains d'entre vous diront : « J'en fais déjà plus que ce pour quoi je suis payé, mais mon employeur est si égoïste, si âpre au gain, qu'il ne reconnaît pas la valeur des services que je lui rends. » Nous savons tous qu'il existe des rapaces qui désirent obtenir plus de services qu'ils ne sont disposés à en payer.

Ces patrons sont comme de l'argile entre les mains d'un potier. À cause de leur rapacité, on peut obtenir d'eux qu'ils récompensent l'homme qui leur rend plus de services que ce pour quoi il est payé.

Ces patrons ne veulent pas perdre les services de ceux qui ont pris l'habitude de *faire le kilomètre extra*. Ils apprécient la valeur de tels employés. C'est au moyen de ce levier que l'on peut desserrer leurs doigts.

Tout homme averti sait quel usage faire de ce levier : il ne réduira ni la quantité ni la qualité des services qu'il rend, mais, au contraire, *il l'augmentera*.

Celui qui sait vendre astucieusement ses services peut manipuler celui qui en a besoin aussi facilement qu'une femme intelligente sait influencer l'homme de son choix. La technique n'est pas différente.

L'homme averti s'appliquera à devenir indispensable en travaillant mieux et davantage que tout autre employé. Un employeur rapace se fera arracher la main plutôt que de laisser partir un tel homme. La rapacité de certains patrons devient ainsi un atout capital pour ceux qui ont l'habitude de *faire plus que ce qui leur est demandé*.

Nous avons assisté à la mise en pratique de cette technique au moins cent fois et jamais elle ne manqua de produire le résultat voulu !

À quelques occasions, l'employeur rapace ne mordit pas à l'hameçon aussi rapidement que l'on s'y attendait, et il en fut la première victime, parce que son employé attira l'attention d'un concurrent, qui lui sut retenir ses services.

Il est impossible d'abuser de celui qui a l'habitude de *faire plus que ce qui lui est demandé.* Si sa valeur n'est pas reconnue par une personne, elle le sera par une autre, au moment le plus inattendu. Cela ne manque jamais de se produire, lorsqu'un homme rend des service supérieurs à ceux qu'exige son salaire.

L'homme qui *fait le kilomètre extra* avec « la disposition d'esprit» voulue n'a jamais à se chercher d'emploi. Ce n'est pas nécessaire, car les emplois s'offrent à lui d'eux-mêmes. Quelle que soit la situation politique ou économique: dépressions, ralentissement des affaires, guerres ou leurs contraires, *un tel homme se rend toujours indispensable à quelqu'un et se trouve ainsi à l'abri du chômage.*

Si l'on sait se rendre indispensable, on s'assure un salaire élevé; l'un ne va pas sans l'autre, et il en sera toujours ainsi !

L'homme assez intelligent pour se rendre indispensable l'est assez pour s'assurer des emplois en permanence, et ceci à des salaires dont ne rêverait même pas le chef syndicaliste le plus rapace.

La majorité des hommes passent leur vie à attendre que l'occasion se présente. Ils s'en remettent à la chance pour la satisfaction de leurs besoins, mais, comme ils n'ont pas d'objectifs définis, ils n'atteignent jamais rien. Aussi ne sont-ils pas *motivés* à adopter l'habitude de *faire le kilomètre extra*. Ils oublient cette vérité :

> Les espoirs temporels bercés au coeur des hommes
> Deviennent cendres, ou s'accomplissent; et bientôt,

Comme la neige sur le front cendré du désert
L'éclaire un court instant, s'évanouissent.

Leur hâte s'épuise en toute vanité ! Car ils tournent en rond comme les poissons dans leur prison de verre, revenant toujours à leur point de départ, déçus, n'ayant rien conquis.

Nous ne pouvons pas obtenir les richesses si nous ne les convoquons pas en nous fixant un objectif déterminé, en définissant un plan et aussi en choisissant le point précis d'où l'on veut partir.

Gardons-nous de commettre l'erreur de croire que l'habitude de *faire plus que ce qui nous est demandé* n'assure que des richesses matérielles. Cette habitude nous permet aussi de puiser à la source des richesses spirituelles et d'y satisfaire tous nos besoins.

L'histoire exemplaire d'Edward Choate

Certains hommes, inspirés par le bon sens ou par l'intelligence, découvrirent la voie des richesses, en appliquant le principe de *faire le kilomètre extra* pour obtenir de l'argent.

Mais ceux qui possèdent vraiment la sagesse savent que le plus grand avantage de ce principe se mesure en termes d'amitiés durables, de relations harmonieuses, d'oeuvre d'amour, d'aptitude à comprendre les autres, de disposition à partager ses bienfaits avec les autres, éléments qui constituent quelques-unes des douzes richesses de la vie.

Edward Choate reconnut, quant à lui, cette vérité et découvrit le passe-partout vers les richesses. Il habite

Los Angeles où il exerce la profession d'agent d'assurance-vie.

Il fit des débuts modestes dans cette profession, ne battit aucun record. À la suite d'une mauvaise affaire, il perdit tout son argent, se retrouva au bas de l'échelle et dut repartir à zéro.

J'ai dit « une mauvaise affaire », mais j'aurais peut-être dû dire « une bonne affaire », car cet échec l'obligea à faire une pause, à regarder, à écouter, à *réfléchir* et à méditer sur le destin des hommes qui paraissent très bien réussir mais qui condamnent les autres à l'échec, que ce dernier soit temporaire ou définitif.

À la suite de ses méditations, il se mit à étudier la philosophie de la réussite personnelle. Lorsqu'il arriva à la leçon qui traite de l'habitude de *faire le kilomètre extra,* sa conscience s'élargit soudain et il comprit que la perte des richesses matérielles peut nous amener à la source de richesses plus vastes, nos forces spirituelles.

Armé de cette découverte, Edward Choate se mit à acquérir, une à une, les douzes richesses de la vie, en commençant par la première, le développement d'une *attitude mentale positive*.

Il cessa provisoirement de penser à la quantité d'assurance-vie qu'il pourrait vendre et se mit à chercher les occasions de venir en aide aux personnes qui étaient aux prises avec des problèmes qu'elles ne pouvaient pas résoudre.

Sa première occasion se présenta sous les traits d'un jeune homme découvert dans un désert de la Californie : son entreprise minière avait fait faillite et il mourait de faim. Il emmena ce jeune homme chez lui, lui donna à manger, lui prodigua des encouragements et le garda chez lui jusqu'à ce qu'il lui ait trouvé un bon emploi.

En jouant le bon samaritain, Edward Choate ne visait aucun bénéfice matériel; il était bien évident que ce malheureux jeune homme n'était pas en situation de contracter une assurance-vie.

D'autres occasions d'aider des personnes moins fortunées que lui commencèrent à se présenter, à un rythme tel qu'on aurait dit que monsieur Choate les attirait comme un aimant.

Mais les apparences étaient trompeuses : c'était là le test de sa détermination à aider les autres. C'est une période, en effet, par laquelle passe toute personne désireuse de *faire le kilomètre extra* notons-le bien.

Tout se mit alors à changer, les affaires de monsieur Choate prirent une tournure qu'il n'attendait probablement pas. Ses ventes commencèrent à augmenter de plus en plus vite et battirent finalement tous les records. Et enfin, le miracle se produisit : il vendit l'un des plus gros contrats d'assurance, pour l'époque, au patron du jeune homme qu'il avait aidé et cela, sans qu'il l'ait sollicité.

D'autres ventes se présentèrent de la même manière, jusqu'au jour où il vendit plus d'assurances, sans efforts particuliers, qu'il n'en avait jamais vendu auparavant en déployant toute son énergie.

Il s'était ouvert, de plus, la porte des gros contrats et avait acquis l'expérience de leur vente. Des hommes d'affaires en vue, aux moyens financiers importants, commencèrent à le consulter pour la solution de leurs problèmes d'assurance-vie.

Son affaire prospéra si bien qu'il réalisa le rêve de tous les agents d'assurance. Il devint membre à vie du club des millionnaires, privilège réservé à ceux qui ont vendu, trois années de suite, pour un million de dollars au moins en polices d'assurance.

Ainsi donc, en recherchant les richesses spirituelles, Edward Choate obtint également les richesses matérielles; il les obtint en plus grand nombre qu'il n'aurait jamais cru. Six ans à peine après avoir joué le bon samaritain, monsieur Choate vendait pour plus de deux millions de dollars en contrats d'assurance-vie au cours des quatre premiers mois de l'année.

L'histoire de cette réussite se répandit à travers tout le pays. Il fut invité à prendre la parole lors des colloques d'agents d'assurance-vie, car ses collègues désiraient savoir comment il avait réussi à s'élever à une position aussi enviable dans sa profession.

Il leur raconta ! Et, contrairement à la plupart de ceux qui connaissent une réussite exceptionnelle, il y manifesta l'humilité de coeur qui l'inspira, en reconnaissant que sa réussite, il la devait à sa mise en pratique de la philosophie d'autres personnes.

En général, les gens qui réussissent dans la vie sont portés à donner l'impression que leur réussite est due à leur propre acuité intellectuelle et ne reconnaissent pas franchement ce qu'ils doivent à leurs bienfaiteurs.

Comme il est dommage que les Edward Choate ne soient pas plus nombreux !

Si on y pense bien, en effet, il est évident que personne n'atteint un succès réel et durable sans la collaboration amicale des autres; de même, aucun homme ne connaît la vraie réussite sans aider les autres.

Edward Choate est aussi riche en biens matériels qu'il le désire. Mais il est bien plus riche en valeurs spirituelles, car il découvrit et exploita intelligemment les douze richesses de la vie, dont l'argent est la dernière et *la moins importante*.

6

Le cerveau collectif

Définition : *L'alliance d'au moins deux esprits dans une atmosphère de parfaite harmonie* en vue d'un objectif déterminé.

Notez bien la définition de ce principe, car elle fournit la clef de la puissance personnelle.

Le principe du cerveau collectif constitue la base de toutes les grandes réussites, de tout progrès humain, individuel ou collectif.

La clef de sa puissance se trouve dans le mot « harmonie » !

Sans cet élément, un effort collectif peut mériter le nom de collaboration, mais il lui manquera la puissance que l'harmonie assure par un effort coordonné.

Les aspects principaux du principe du cerveau collectif sont les suivants :

Première prémisse : Le principe du cerveau collectif constitue le moyen par lequel l'on s'assure entièrement *l'expérience*, *la formation générale et spécialisée* et *le talent* des autres, à un tel point que leurs esprits deviennent comme le nôtre.

Deuxième prémisse : L'alliance d'au moins deux esprits, dans une atmosphère de *parfaite* harmonie, qui vise un objectif déterminé, stimule, inspire chaque esprit et peut lui faire connaître cette disposition d'esprit qui s'appelle : *la foi* ! (Une petite idée de cette stimulation et de cette puissance nous est donnée par les fortes amitiés et par l'amour.)

Troisième prémisse : Tout cerveau humain joue le rôle d'une station à la fois émettrice et réceptrice pour l'expression des vibrations de la pensée; le principe du cerveau collectif stimule l'action de la pensée, par ce qu'on appelle la télépathie, assurée par le sixième sens.

C'est ainsi que beaucoup d'alliances commerciales et professionnelles trouvent leur expression dans la réalité; il est rare que l'on atteigne un poste élevé, une puissance réelle, sans avoir à appliquer le principe du cerveau collectif, ce principe qui nous permet de profiter de l'esprit des autres.

Ce seul fait est une preuve suffisante de la validité et de l'importance du principe du cerveau collectif; c'est un fait que tout le monde peut remarquer sans effort d'observation, et sans être taxé de naïveté.

Quatrième prémisse : Le principe du cerveau collectif lorsqu'il est activement appliqué, a pour effet de mettre en relation notre subconscient avec celui de nos associés; ce fait explique bien des résultats apparemment miraculeux.

Cinquième prémisse : Les champs d'application les plus profitables du principe du cerveau collectif sont les suivants :

a) le mariage,
b) la religion,
c) les activités professionnelles.

Le principe du cerveau collectif permit à Edison de devenir un grand inventeur et cela, en dépit de son peu d'instruction et de son absence de formation dans le domaine des sciences qu'il a abordées; voilà un fait qui devrait rendre espoir à tous ceux qui se croient, à tort, handicapés sérieusement par leur manque d'instruction.

Par le principe du cerveau collectif chacun peut comprendre l'histoire et la structure de cette planète, grâce aux connaissances des géologues.

Grâce aux connaissances et à l'expérience des chimistes, on peut faire un usage pratique de la chimie sans avoir de formation en ce domaine.

Grâce à l'aide des savants, techniciens, physiciens et mécaniciens, on peut devenir un inventeur, sans avoir de formation dans aucun de ces domaines.

Il existe deux types d'alliances dans le cadre de notre principe :

1. Les alliances conclues pour des raisons purement personnelles ou sociales : parents, religieux ou amis, où l'on ne cherche aucun profit matériel. *La plus importante de ces alliances est celle d'époux et d'épouse.*

2. Les alliances formées pour des raisons commerciales ou professionnelles dans un but commun à tous ses membres.

Voyons maintenant quelques illustrations importantes de la puissance qui a déjà été atteinte grâce à l'application du principe du cerveau collectif.

Le système américain de gouvernement, tel qu'il est défini dans la Constitution, retiendra en premier lieu notre attention, parce que c'est une forme de puissance qui affecte de façon capitale le sort de chaque citoyen de ce pays et, dans une grande mesure, celui du monde entier.

Les États-Unis se distinguent à trois titres :

1. C'est la nation le plus riche du monde.
2. C'est la nation la plus puissante du monde.
3. C'est la nation qui assure le plus de liberté personnelle à ses citoyens.

Les richesses, la liberté et la puissance ! Quelle combinaison impressionnante !

L'origine de ces atouts n'est pas difficile à déterminer : la constitution américaine et le système de la libre entreprise s'harmonisèrent si bien qu'ils fournirent aux citoyens une puissance spirituelle et économique unique au monde.

Notre système de gouvernement est un prodigieux cerveau collectif composé des relations harmonieuses de tous les citoyens, organisés en cinquante-deux groupes différents appelés États.

Le coeur du cerveau collectif américain est facile à distinguer : il suffit de décomposer notre gouvernement en ses parties composantes, qui sont toutes sous le contrôle direct de la majorité des citoyens.

Voici quelles sont ces composantes :

1. Le pouvoir exécutif (assuré par le président);
2. le pouvoir judiciaire (assuré par la Cour suprême) ;

3. le pouvoir législatif (assuré par les deux chambres du Congrès).

Notre Constitution fut si sagement conçue que ces trois pouvoirs de l'État sont entre les mains du peuple. Personne ne peut en être privé, *sinon par sa négligence à l'exercer* !

Notre puissance politique trouve son expression dans notre gouvernement.

Notre puissance économique est assurée par notre système de libre entreprise et s'y manifeste.

Leur puissance conjuguée est exactement proportionnelle au degré d'harmonie de leur coordination !

Cette puissance constitue *la propriété de tous les citoyens* !

C'est cette puissance qui assure à tous le niveau de vie le plus élevé qu'ait jamais connu une civilisation; c'est elle qui fit de notre nation la plus riche, la plus libre et la plus puissante du monde entier.

Cette puissance, nous l'appelons : « la vie à l'américaine ! »

C'est ce mode de vie et notre volonté de le défendre qui assura la consolidation de nos forces, tant économiques que spirituelles, dans une guerre qui le menaçait et qui menaçait la civilisation entière.

L'avenir de l'humanité put probablement être déterminé par l'application du principe du cerveau collectif américain, car il est évident que la balance du pouvoir était entre nos mains et qu'elle décida de l'issue de la guerre, c'est-à-dire la liberté pour toute l'humanité.

On peut trouver une autre illustration de la loi du cerveau collectif dans notre remarquable système de transports et de communications. Les hommes qui établirent notre système de communications aériennes et ferroviaires, télégraphiques et téléphoniques, créèrent un service qu'aucun autre pays ne put jamais égaler. Leur efficacité, leur puissance consistent entièrement en l'application qu'ils font du principe du cerveau collectif par *la coordination des efforts*.

Une équipe de football représente un excellent exemple de la puissance qui découle de l'harmonie des efforts.

Le système des magasins à succursales multiples est une autre magnifique illustration de la puissance économique que l'on atteint grâce à cette loi.

Toute entreprise qui réussit doit son succès à l'application de cette loi. Le système américain de la libre entreprise est, dans sa totalité, une splendide illustration de la puissance économique que produit une coordination harmonieuse et amicale des initiatives.

Le principe du cerveau collectif n'est pas la propriété exclusive des riches et des puissants : il est le moyen par excellence d'atteindre des fins désirables.

Les gens les plus modestes peuvent tirer parti de ce principe en formant des alliances harmonieuses avec les personnes qu'ils désirent. L'application la plus profonde, peut-être la plus bénéfique, que l'on puisse faire de ce principe, se trouve dans le mariage, à la condition qu'il soit motivé par l'amour !

Ce type d'alliance ne coordonne pas seulement l'esprit des époux, mais il mêle les qualités spirituelles de leur âme.

Une telle alliance n'apporte pas seulement joie et bonheur aux époux, elle assure un caractère équilibré aux enfants et les éléments de base d'une vie réussie.

Vous comprenez maintenant quelle est cette source essentielle de puissance pour les hommes : le principe du cerveau collectif. La responsabilité vous revient d'en faire le meilleur usage.

Faites-en bon usage et vous jouirez du privilège d'occuper un vaste espace dans le monde, un espace tant au point de vue géographique qu'au point de vue de l'étendue des relations humaines amicales et harmonieuses.

Ne craignez pas de viser haut, lorsque vous établirez votre objectif. N'oubliez pas que vous vivez dans un pays riche d'avenir où personne n'est limité par la nature, la quantité ni la qualité des richesses que l'on peut acquérir. Ceci est vrai à la condition que nous soyons prêts à fournir une part adéquate en retour.

Avant de vous fixer un objectif dans l'existence, retenez ces lignes, apprenez-en la leçon :

J'ai marchandé la vie pour un sou
Et c'est ce qu'elle m'a donné
En dépit de ce que j'ai mendié le soir
En comptant mon maigre avoir.
Car la vie n'est qu'un employeur
Qui ne donne que ce qu'on lui demande
Une fois le salaire établi
Il ne reste plus qu'à s'atteler au travail.

J'ai travaillé pour trois fois rien,
Et j'ai appris à mon grand désarroi
Que tous les gages que j'aurais pu exiger de la vie
M'auraient été volontiers accordés par celle-ci.

Les hommes qui réussissent ne demandent pas la pauvreté à la vie ! Ils savent qu'il existe une puissance par laquelle on peut obtenir de la vie qu'elle nous donne ce que nous désirons. Ils savent que cette puissance est offerte à tout homme qui entre en possession du passe-partout vers les richesses. Ils la connaissent par son nom, le plus beau nom qui soit ! Ce nom est connu de tous les hommes, mais rares sont ceux qui comprennent les secrets de sa puissance.

7

Analyse du principe du cerveau collectif

Lorsqu'Andrew Carnegie me confia la tâche d'organiser la philosophie de la réussite personnelle, je lui demandai de me décrire le principe du cerveau collectif de façon à ce que les autres puissent le comprendre et le mettre en pratique afin qu'ils puissent atteindre leur objectif vital.

« Monsieur Carnegie, lui dis-je, pourriez-vous définir le principe du cerveau collectif et me dire comment peuvent l'appliquer les hommes et les femmes qui, par leurs efforts personnels, cherchent leur place dans la société américaine ? Décrivez, s'il vous plaît, les diverses applications que peut en faire un homme de talents moyens, qui cherche à tirer le maximum de profit des chances d'avenir que lui offre notre pays. »

Voici quelle fut la réponse de Carnegie :

« Les avantages qui sont offerts au peuple américain recèlent une puissance considérable, mais ils ne naissent pas de rien. Ils doivent être créés et maintenus par l'application de la puissance.

« Les fondateurs de notre système de gouvernement, dans leur sagesse et leur prévoyance, posèrent les fondations de nos libertés et de nos richesses. Ils n'en posèrent que les fondations, rien de plus. La responsabilité d'y adhérer et d'en faire usage revient à chaque personne qui s'y intéresse.

« Je vais vous décrire certaines des applications individuelles du principe du cerveau collectif relatives au développement de divers types de relations humaines qui permettent d'atteindre un objectif vital.

« Mais je voudrais insister, au préalable, sur le fait qu'un objectif vital s'atteint par étapes, que toutes nos pensées, toutes nos transactions, toutes nos relations, tous nos projets, toutes nos erreurs exercent une influence déterminante sur notre capacité à atteindre le but que nous nous sommes fixé.

« Le choix seul d'un objectif vital, même s'il est clairement formulé et distinctement conçu par l'esprit, n'assure pas sa réalisation.

« Cet objectif doit être poursuivi avec persévérance; *ce qui est capital ici, c'est le type de relations que nous entretenons avec les autres.*

« Une fois cette vérité bien comprise, il n'est pas difficile de saisir la nécessité d'être prudent dans le choix de nos relations, surtout les relations avec lesquelles on lie des contacts étroits dans notre métier.

« Voici donc quelques domaines de relations humaines, que celui qui poursuit un objectif vital doit cultiver, organiser et exploiter, tandis qu'il progresse vers le but de son choix :

L'occupation

« À part la relation entre époux (la plus importante de toutes les relations du cerveau collectif), il n'est pas de type de relation plus important que celui qu'un homme établit avec ses compagnons de travail.

« Tout homme a tendance à adopter le comportement, les attitudes, les croyances, les opinions de ses compagnons de travail les plus expansifs.

« Le drame, c'est que ce ne sont pas ceux qui parlent le plus fort qui sont les plus intelligents; ce sont très souvent ceux qui râlent et qui trouvent plaisir à râler qui se font le plus entendre.

« Il n'est pas rare que les plus bruyants soient ceux qui n'ont pas d'objectif vital. Aussi cherchent-ils à diminuer ceux qui en possèdent un.

« Les hommes de caractère, ceux qui savent exactement ce qu'ils veulent, ont généralement la sagesse de garder leurs pensées pour eux-mêmes et perdent rarement leur temps à essayer de décourager les autres. Ils sont si occupés à poursuivre leur objectif qu'ils n'ont pas de temps à perdre avec les gens qui ne leur sont pas utiles.

« Conscient qu'il peut trouver dans tout groupe de collègues des personnes dont la collaboration ou l'influence peuvent lui être utile, l'homme averti, qui a un objectif vital, manifeste sa sagesse en ayant des amitiés utiles et mutuellement bénéfiques, et évite les autres.

« Il va de soi qu'il s'associera avec les hommes dont le caractère, les connaissances et la personnalité peuvent lui devenir utiles; il ne négligera pas, bien sûr, ceux qui occupent des postes plus élevés que le sien, en attendant l'occasion de les égaler et même de les dépasser, et il se répétera les paroles d'Abraham Lincoln : Je vais étudier, me préparer et, un jour, l'occasion se présentera.

« L'homme qui possède un objectif vital positif n'enviera jamais ses supérieurs, mais il étudiera leurs méthodes et apprendra à acquérir leurs connaissances. Vous pouvez me croire, ceux qui passent leur temps à critiquer leurs supérieurs n'atteignent jamais des postes élevés de responsabilité.

« Les meilleurs soldats sont ceux qui peuvent et qui savent exécuter les ordres de leurs supérieurs. Ceux qui ne le font pas ne pourront jamais exercer un commandement avec succès. Cette règle est valable dans tous les domaines. Si on ne cherche pas à égaler son supérieur, dans un esprit d'harmonie, on ne profite guère de son association avec lui.

« Pas moins d'une centaine d'hommes sortirent du rang dans mon organisation et se retrouvèrent plus riches qu'ils n'avaient jamais rêvé l'être. Ils ne reçurent pas leurs promotions à cause de mauvaises dispositions, de l'habitude de critiquer leurs subordonnés et leurs supérieurs; ils se donnèrent eux-mêmes une promotion en assimilant et en exploitant l'expérience de tous ceux avec lesquels ils avaient des contacts.

« Celui qui possède un objectif vital observe avec soin ses collègues de travail et voit dans chacun d'entre eux une source de connaissances utiles ou d'influence qu'il peut emprunter et utiliser pour sa propre promotion.

« Quand un homme est observateur, il découvre que son lieu de travail est littéralement une école où il peut acquérir la meilleure des éducations, celle qui vient de l'observation et de l'expérience.

« Comment tirer le meilleur parti de cette école ? » demanderont certains.

« On peut chercher la réponse dans l'étude des neuf motifs qui mettent en action la volonté des hommes. Les hommes communiquent leur expérience et leurs connaissances, et coopèrent avec les autres, lorsqu'on leur fournit un motif suffisant pour les y décider. Celui qui entretient avec ses relations de travail des contacts fondés sur la coopération et l'amitié, avec une juste disposition d'esprit à leur égard, a plus de chances de profiter de leurs enseignements que celui qui est vindicatif, irritable, discourtois ou qui néglige ces petits gestes qui entretiennent l'amitié entre gens civilisés.

« Ce vieux dicton qui veut que l'on n'attrape pas les mouches avec du vinaigre ne devrait pas être oublié par la personne qui désire apprendre au contact de ses relations de travail qui en savent plus qu'elle et dont elle recherche la coopération.

L'instruction

« On ne finit jamais de s'instruire.

« L'homme dont l'objectif vital est valable doit toujours rester un étudiant et doit apprendre de toutes les sources possibles, et surtout de celles qui lui assurent l'expérience et les connaissances nécessaires pour atteindre son objectif.

« Les bibliothèques publiques sont gratuites. Elles constituent un vaste réservoir de connaissances dans tous les domaines. Elles contiennent, dans tous les langages, tout sur les connaissances humaines. L'homme qui a un objectif vital se fait un point d'honneur de lire les ouvrages qui s'y rapportent et profite ainsi de l'expérience de ceux qui ont vécu avant lui. On dit que l'instruction d'un homme est à peine entamée, tant qu'il ne possède pas, dans une mesure raisonnable, toutes les connaissances qui furent accumulées par l'expérience des autres sur un sujet donné.

« Le programme de lectures de quelqu'un devrait être aussi soigneusement équilibré que son régime alimentaire quotidien, car la lecture est aussi une nourriture, sans laquelle on ne peut se développer mentalement.

« L'homme qui passe tous ses loisirs à lire de la pornographie et des bandes dessinées ne peut aspirer à aucune grande réussite.

« On peut dire la même chose de celui qui ne fait pas quotidiennement de lectures utiles à la réalisation de son objectif. Lire au hasard peut être agréable, mais c'est rarement utile.

« La lecture n'est pas le seul moyen de s'instruire. En choisissant soigneusement ses relations de travail, on peut se lier avec des hommes dont on peut tirer des connaissances en conversant tout simplement.

« Les clubs commerciaux et professionnels nous offrent l'occasion de nous associer avantageusement à d'autres hommes à la condition qu'on les choisisse avec un objectif en tête. Grâce à ce type d'associations, beaucoup de gens se firent des relations de grande valeur, ce qui leur permit de réaliser leurs objectifs.

« On ne peut réussir sa vie, si on ne prend pas l'habitude de cultiver l'amitié. Le mot contact, dans le domaine des relations humaines, est un mot important. Quand un homme prend l'habitude de multiplier ses contacts personnels, il y trouve un profit considérable et cela, d'une façon imprévisible au moment où il les noue, mais, avec le temps et s'il a su se vendre, ces contacts seront prêts et disposés à lui venir en aide.

« Comme je l'ai déjà dit, l'homme qui possède un objectif vital devrait prendre l'habitude de multiplier ses contacts dans tous les domaines où il peut rencontrer des gens qui peuvent lui être utiles.

« Les églises sont parmi les lieux de rencontre et d'amitié les plus agréables parce qu'elles réunissent les gens dans des circonstances qui favorisent l'esprit d'amitié.

« Nous avons tous besoin de nous associer avec les autres dans des conditions qui favorisent les échanges de vues dans un esprit de compréhension mutuelle et d'amitié, indépendamment de toute considération de gain matériel. Celui qui s'enferme dans sa coquille devient introverti, et sera bientôt égoïste et étroit d'esprit dans sa perception de la vie.

La politique

« C'est le devoir et le privilège de tout citoyen américain de s'intéresser à la politique et d'exercer son droit à désigner, par son vote, des hommes et des femmes de mérite aux postes de responsabilités publics.

« Le parti politique auquel on appartient est bien moins important que l'exercice du droit de vote. Si le monde de la politique est terni par des pratiques malhonnêtes, qui est à blâmer sinon les électeurs ? Il ne dépend que d'eux de ne pas élire des candidats incompétents, inefficaces ou malhonnêtes.

« À part le droit de vote et l'obligation qu'il crée, il ne faut pas oublier les avantages que l'on peut retirer d'un intérêt réel pour la politique, en se faisant des contacts, en s'alliant avec des gens qui peuvent nous aider à atteindre notre objectif vital.

« Nombreux sont les métiers et les professions où l'influence politique devient un facteur important de promotion de ses intérêts. Les hommes d'affaires et les professionnels ne devraient pas négliger l'occasion que la politique leur offre, grâce à ses alliances, de promouvoir leurs intérêts.

« Les personnes averties qui comprennent la nécessité de sonder tous les domaines pour s'assurer des alliés et les faire contribuer à la réalisation de leurs objectifs, font plein usage de leur droit de vote.

« Mais, et je n'insisterai jamais assez sur ce point, la raison principale pour laquelle on s'intéresse activement à la politique réside dans le fait que, si les meilleurs citoyens n'exercent pas leur droit de vote, le monde de la politique se pervertira et mènera notre pays à sa ruine.

« Les fondateurs de notre pays consacrèrent leur vie et leur fortune à assurer à tous le droit à la liberté dans la poursuite de leurs objectifs. Il est capital de contribuer, par l'exercice de son droit de vote, au maintien de l'État qu'ont institué les fondateurs de notre pays pour assurer la défense de nos droits.

« Toute chose précieuse a son prix.

« Vous désirez la liberté et l'autonomie personnelle ! Fort bien, vous pouvez défendre ce droit en formant une alliance fondée sur le cerveau collectif avec d'autres gens honnêtes et patriotes, et en élisant des gens honnêtes. Il n'est pas exagéré de dire que c'est le type d'alliance le plus important qu'un citoyen américain puisse conclure.

« Vos ancêtres vous ont assuré, par leurs votes, la liberté et l'autonomie personnelle. *Vous ne pouvez pas faire moins pour vos enfants et pour leur descendance* !

« Tout citoyen honnête exerce assez d'influence sur ses voisins et sur ses relations de travail pour influencer au moins cinq personnes à exercer leur droit de vote. S'il ne le fait pas, il restera un citoyen honnête, mais il n'aura pas droit au titre de *patriote*, car le prix du patriotisme, c'est le devoir qu'il nous crée.

Les relations sociales

« Voici un domaine riche et presque illimité où chacun peut cultiver des contacts inspirés par l'amitié. Cela est particulièrement vrai pour l'homme marié, dont l'épouse comprend l'art de se faire des amis grâce aux activités sociales.

« Une telle épouse peut faire de son foyer et de ses amitiés un atout précieux pour son époux, si sa profession exige qu'il élargisse le cercle de ses amitiés.

« Nombre de professionnels ne peuvent, pour des raisons d'éthique, faire leur propre publicité; mais ils peuvent user de leurs relations, à la condition que leur femme aime les activités sociales.

« Je connais un agent d'assurances qui vend pour plus d'un million de dollars d'assurances par an grâce à l'aide de sa femme, car cette dernière est membre de plusieurs clubs de femmes d'affaires. Elle reçoit régulièrement chez elle ses relations. Ainsi son mari peut-il établir avec ces relations des contacts d'amitié.

« La femme d'un avocat de mes amis l'aida à bâtir l'une des pratiques les plus prospères du centre des États-Unis, en recevant chez elle les épouses de riches hommes d'affaires. Les possibilités sont infinies.

« L'un des principaux avantages qu'assurent les activités sociales est qu'avec ces contacts, nous pouvons échanger des idées, ce qui nous permet d'accumuler des connaissances utiles à la réalisation de notre objectif vital.

« Si nous varions l'étendue de nos relations, elles peuvent devenir des sources précieuses d'information dans tous les domaines nous assurant ainsi un type d'échange intellectuel essentiel à l'acquisition de la polyvalence et de la souplesse requises dans plusieurs domaines d'activité.

« Lorsque plusieurs hommes se rassemblent et échangent des idées, cet échange spontané enrichit leur esprit. Tout homme a besoin d'affermir ses idées et ses projets, mais il ne peut le faire qu'à l'aide de franches discussions avec des gens dont l'expérience et les connaissances diffèrent des siennes.

« L'écrivain qui atteint un succès durable doit continuellement améliorer ses connaissances en assimilant les idées et les pensées des autres et ce, grâce à ses contacts personnels et à la lecture.

« Tout esprit brillant, alerte, réceptif et souple doit s'alimenter en permanence à la source d'autres esprits. S'il néglige de le faire, son esprit s'atrophiera, tout comme un bras dont on ne se sert pas s'atrophie : Ceci est conforme aux lois de la nature. Observez un peu la nature et vous découvrirez que toute créature, du plus petit insecte à la mécanique complexe de l'être humain, ne peut croire et rester saine que grâce à un exercice constant.

« Les discussions à coeur ouvert ne font pas qu'augmenter nos réserves de connaissances utiles, elles accroissent la puissance de notre esprit. Celui qui cesse d'étudier le jour où il quitte l'école ne sera jamais une personne cultivée, aussi importantes qu'aient été les connaissances qu'il a acquises durant sa scolarité.

« La vie est une grande école, tout ce qui inspire notre pensée est notre maître. Cela, le sage le sait; bien plus, il prend l'habitude d'entrer en contact avec d'autres esprits, dans le dessein de développer le sien grâce aux échanges de pensées.

« Nous voyons donc que le principe du cerveau collectif a un champ d'application illimité. C'est le moyen par lequel nous pouvons augmenter la puissance de notre esprit grâce aux connaissances, à l'expérience et à la disposition mentale d'autres esprits.

« Comme l'a si bien exprimé quelqu'un : Si je vous donne un dollar et que vous m'en donniez un en échange, nous n'aurons rien gagné; mais si je vous donne une idée en échange de l'une des vôtres, nous aurons tiré de notre temps un profit double.

« Il n'existe pas de relation humaine plus profitable que celle où les hommes échangent des pensées utiles; cela peut surprendre, mais il est vrai que l'on peut acquérir de l'esprit de la personne la plus modeste des idées de première grandeur.

« Je vais illustrer ce point en vous racontant l'histoire du prédicateur qui atteignit son objectif vital grâce à l'esprit du concierge de son église.

« Ce prédicateur s'appelait Russell Conwell et son désir le plus grand était de fonder un collège. Pour cela, il lui fallait de l'argent, beaucoup d'argent, plus d'un million de dollars.

« Un jour, le père Conwell s'arrêta pour bavarder avec le concierge qui était occupé à tondre la pelouse autour de l'église. Au cours de leur conversation, le père Conwell fit, en passant, la remarque que le gazon du cimetière était bien plus vert et mieux entretenu que leur pelouse. C'était là une légère réprimande à l'intention de ce vieux concierge.

« Le concierge lui répondit alors avec un large sourire que, bien sûr, l'herbe avait l'air plus verte là-bas, mais que c'était seulement parce qu'ils étaient habitués à voir la leur de ce côté-ci de la clôture.

« Bon, cette remarque n'avait rien de particulièrement brillant en soi, c'était une excuse à sa paresse, mais ce fut la semence d'une idée dans l'esprit fertile du prédicateur, une semence minuscule, reconnaissons-le, mais qui devait mener à la solution du problème très important qui se posait à lui depuis longtemps.

« De cette humble remarque naquit l'idée d'un sermon qu'il fit plus de quatre mille fois. Il l'intitula *Des hectares de diamants**. L'idée en était la suivante: un homme n'a pas à chercher son avenir au loin, il peut le trouver là où il se trouve, en admettant que l'herbe qui se trouve de l'autre côté de la clôture n'est pas plus verte que celle qui se trouve dans son propre jardin.

« Ce sermon devait lui rapporter, au cours de sa vie, plus de six millions de dollars. Il fut publié et connut un énorme succès de librairie pendant de nombreuses années; il est toujours en vente à ce jour. L'argent qu'il en retira servit à entretenir l'université Temple de Philadelphie, l'une de nos plus importantes institutions d'enseignement.

« L'idée principale de ce sermon fit plus que contribuer à fonder une université. Elle enrichit l'esprit de millions de lecteurs en les encourageant à chercher leur avenir là où ils se trouvaient. L'idée de ce sermon est aussi valable aujourd'hui qu'elle ne l'était au moment où elle sortit de l'esprit d'un jardinier.

« N'oubliez pas ceci : tout esprit actif est une source possible d'inspiration, dont on peut tirer une idée ou le germc d'une idée d'une valeur précieuse pour solutionner nos problèmes personnels ou pour réaliser notre objectif vital.

---

* Conwell, Russel. *Des hectares de diamants*, Brossard, Québec: Les éditions Un monde différent, 1993.

« Il arrive que de grandes idées sortent de l'esprit des plus humbles, mais elles proviennent généralement des esprits qui nous sont les plus proches, où une relation du cerveau collectif a été délibérément établie.

« L'idée la plus fertile de ma carrière me vint un après-midi, alors que Charlie Schwab et moi-même jouions au golf. Nous venions de terminer le treizième trou, lorsque Charlie me regarda l'air penaud et me dit : « J'ai trois coups d'avance sur vous, patron; mais je viens d'avoir une idée qui pourrait vous donner tout le loisir de jouer au golf.

« Curieux, je lui demandai quelle était son idée. Il me la confia. Elle tient en une seule phrase dont chaque mot vaut, au moins, un million de dollars: « Réunissez toutes vos aciéries en une grande compagnie et vendez-la aux banquiers de Wall Street.

« Pas un mot de plus ne fut dit au cours de la partie mais, le soir même, je me mis à réfléchir à sa suggestion. Avant même de me coucher, j'avais transformé la semence de cette idée en un objectif vital. La semaine suivante, j'envoyai Charlie Schwab à New York pour qu'il fasse un discours devant un groupe de banquiers. Parmi eux, il y avait J. Pierpont Morgan.

« Dans ce discours, Schwab exposait le projet d'organisation de la United States Steel Corporation, par lequel je réunissais toutes mes aciéries et me retirais des affaires avec bien plus d'argent que je n'en avais besoin.

« Je veux maintenant insister sur ce point : l'idée de Charlie Schwab n'aurait peut-être jamais vu le jour et je n'en aurais jamais profité si je ne m'étais pas fixé pour règle d'encourager mes collègues à créer de nouvelles idées. Cet encouragement était assuré par une relation étroite et permanente du cerveau collectif avec les membres de mon organisation, dont Charlie Schwab faisait partie.

« Le mot contact, je le répète, est très important !

« Il est encore bien plus important si nous y ajoutons le mot harmonieux ! Grâce à ses relations harmonieuses avec l'esprit d'autres hommes, on peut pleinement exploiter sa capacité à créer des idées. Négliger cette vérité essentielle, c'est se condamner pour l'éternité au besoin et à la gêne.

« Aucun homme n'est assez intelligent pour projeter son influence dans le monde sans la collaboration des autres. Méditez sur cette idée : elle peut à elle seule ouvrir la porte à de grandes réussites.

« Trop de gens croient qu'ils n'atteindront la réussite que beaucoup plus tard; ils la recherchent, en somme, par des voies compliquées en espérant la chance ou des miracles.

« Comme le disait si bien Russell Conwell dans son sermon, certaines personnes semblent croire que l'herbe est plus verte de l'autre côté de la clôture et ils passent à côté de la fortune qui est pourtant à leur portée sous forme d'idées, et d'occasions qu'ils pourraient obtenir grâce à leurs contacts quotidiens.

« J'ai trouvé ma fortune là exactement où je me trouvais, les yeux fixés sur l'acier en fusion d'un haut fourneau. Je me rappelle bien le premier jour où je commençai à me dire que je pourrais occuper une place importante dans l'industrie sidérurgique, au lieu d'être un assistant à l'érection de la fortune de quelqu'un d'autre.

« Au début, l'idée était assez vague. C'était un désir plutôt qu'un projet précis. Mais je me mis à la cultiver, à l'encourager à prendre possession de moi, jusqu'au jour où c'est cette idée qui me mena.

« Dès ce moment je commençai à travailler sérieusement à ma fortune et je fus surpris de constater avec quelle rapidité un objectif vital peut se transformer en réalité.

« L'essentiel, c'est de savoir ce que l'on veut.

« Ensuite, il faut se mettre au travail pour trouver la fortune là où l'on se trouve, en se servant des outils du bord, même si ce ne sont que ceux de la pensée. D'autres outils s'offriront à nous, lorsque nous en aurons besoin, et ce sera proportionnellement au bon usage que nous faisons de ceux dont nous disposons déjà.

« L'homme qui comprend le principe du cerveau collectif et qui l'applique trouvera ces outils plus rapidement que celui qui ne connaît rien à ce principe.

« Tout esprit a besoin d'un bon contact avec les autres esprits pour pouvoir croître. Les personnes de bon sens qui ont un objectif vital dans l'existence choisissent avec un extrême soin le type d'esprits avec lesquels elles s'associent intimement, parce qu'elles savent qu'elles vont assimiler une partie de la personnalité de ces relations.

« Je ne parie pas grand-chose sur l'homme qui ne se fait pas un devoir de fréquenter des gens qui en savent plus que lui. Un homme s'élève au niveau de ses supérieurs ou tombe au niveau de ses inférieurs, selon la classe de gens qu'il cherche à imiter par le choix de ses relations.

« Il existe, enfin, une autre pensée que tout salarié devrait considérer et respecter. Elle réside dans le fait que son emploi est, ou devrait être, un enseignement pour lui permettre d'avancer dans la vie et qu'il est payé de deux façons : tout d'abord, en recevant un salaire, ensuite, en acquérant de l'expérience. Il est souvent vrai que la plus grosse part du salaire d'un homme ne tient pas dans son enveloppe de paie, *mais dans l'expérience qu'il retire de son travail* !

« La valeur de cette prime d'expérience dépend en grande partie de la disposition d'esprit avec laquelle cet homme communique avec ses compagnons, ses suprérieurs comme ses inférieurs. Si elle est positive, et inspirée par le désir de coopération, s'il donne de sa personne, son avancement sera certain et rapide.

« Nous voyons ainsi que l'homme qui avance dans la vie applique non seulement le principe du cerveau collectif, mais aussi les principes qui consistent à donner de sa personne et à faire preuve de détermination; ces trois principes sont inséparables chez tous les hommes qui réussissent.

Le mariage

« Le mariage est, de loin, l'alliance la plus importante dans la vie d'un homme.

« Cette alliance est importante car elle unifie les quatre domaines suivants: matériel, physique, mental et spirituel.

« C'est au foyer que devraient commencer la plupart des relations inspirées par le cerveau collectif. L'homme qui a choisi sa compagne avec sagesse fera d'elle, s'il est sage au point de vue matériel, le premier membre de son cercle du cerveau collectif.

« L'alliance domestique ne devrait pas seulement inclure l'homme et son épouse, mais les autres membres de la famille et en particulier les enfants, s'ils vivent sous le même toit.

« Le principe du cerveau collectif met en branle les forces spirituelles de ceux qui ont conclu une alliance dans un but déterminé et la force spirituelle, bien qu'elle soit immatérielle, est néanmoins la plus importante de toutes.

« L'époux qui est en bons termes avec son épouse, qui vit dans une atmosphère d'*harmonie complète, de compréhension, de sympathie et de détermination*, jouit d'un atout précieux qui peut lui permettre de connaître les sommets les plus élevés de la réussite.

« L'absence d'harmonie est ici impardonnable, quelle qu'en soit la cause. Elle est impardonnable, parce qu'elle peut réduire à néant les chances de succès d'un homme, même s'il possède tout pour réussir.

À l'attention des épouses

« Puis-je ici donner un conseil aux épouses ?

« Ce conseil, s'il est suivi, peut faire la différence entre une vie de pauvreté et une vie d'opulence.

« Une épouse a plus d'influence que toute autre personne sur son mari. Elle a une influence supérieure, à la condition, bien sûr, qu'elle ait su tirer le meilleur parti de sa relation avec lui. Il l'a choisie de préférence à toute autre, cela signifie donc qu'elle jouit de son amour et sa confiance.

« L'amour occupe la première place sur la liste des motifs qui déterminent notre volonté. Grâce à l'émotion amoureuse, un époux peut partir pour son travail dans un état d'esprit qui ignore l'échec. Mais n'oubliez pas que les récriminations, la jalousie, les reproches et l'indifférence sont mauvais pour l'émotion amoureuse. Ils la détruisent.

« Si une épouse est avertie, elle réservera à son mari une heure par jour pour un tête-à-tête inspiré par le principe du cerveau collectif, période au cours de laquelle ils partageront leurs intérêts mutuels, les passeront en revue, dans un esprit d'amour et de compréhension. Les périodes les plus favorables à ces échanges sont le matin après le déjeuner et vers la fin de la soirée.

« Les repas devraient être une période d'échanges affectueux. Ils ne devraient pas devenir des périodes d'inquisition et de reproches, mais, au contraire, des périodes de communion familiale, de bonne humeur, où l'on parle de sujets agréables d'intérêt mutuel.

« C'est surtout autour de la table que se brise l'harmonie familiale, parce que c'est là que nombre de familles vident leurs querelles ou punissent leurs enfants.

« Quelqu'un a dit que c'est par l'estomac qu'on atteint le coeur d'un homme. Aussi l'heure du repas fournit-elle à l'épouse une excellente occasion d'atteindre le coeur de son mari et d'y semer toute idée qu'elle désire lui communiquer. Mais son comportement doit s'inspirer de l'amour et de l'affection et non de l'esprit négatif des reproches et des réprimandes.

« Une épouse peut obtenir beaucoup de choses par la douceur !

« Une épouse devrait manifester beaucoup d'intérêt pour les activités de son mari. Elle devrait s'initier à tous les aspects de son métier, ne jamais manquer l'occasion de l'interroger sur ce qui constitue son gagne-pain. Il ne faut surtout pas qu'elle ressemble à ces femmes qui, d'une façon ou d'une autre, disent à leurs maris : « Tu rapportes ton salaire à la maison pour que je le dépense. Ne me raconte pas comment tu l'as gagné, ça ne m'intéresse pas.

« Si une épouse adopte cette attitude, le temps viendra où l'époux ne s'inquiétera plus de la quantité d'argent qu'il rapporte à la maison ou, pire encore, il n'en rapportera plus la totalité !

« Je crois que les femmes douées de bon sens sauront ce que je veux dire.

« Lorsqu'une femme se marie, elle devient le principal actionnaire du ménage. Si elle applique, dans ses relations avec son mari, le principe du cerveau collectif elle continuera, tout au long de son mariage, à occuper cette position.

« Une épouse avertie gérera soigneusement le budget de la famille, en faisant attention de ne pas faire de dépenses excessives. Beaucoup d'unions se brisent par manque d'argent. Comme le dit le proverbe, lorsque la pauvreté frappe à la porte, l'amour s'enfuit par le balcon. L'amour, tel un beau tableau, nécessite un beau cadre et sa juste lumière. Il a besion d'aliments et d'exercice, tout comme notre corps. L'amour s'étiole dans l'indifférence, les réprimandes, les reproches et le désir de dominer.

« L'amour s'épanouit lorsque les époux l'alimentent de leur détermination. L'épouse qui suit ces principes conserve à jamais une influence prépondérante sur son mari. Par contre, celle qui ne les suit pas verra peut-être son mari commencer à chercher ailleurs.

« L'époux a la responsabilité de subvenir aux besoins du ménage, mais l'épouse a la responsabilité d'amortir les chocs et les difficultés qu'il rencontre dans son travail, en organisant une vie de famille agréable sous forme d'activités sociales utiles à sa carrière.

« L'épouse devrait veiller à ce que le foyer soit un lieu où son mari puisse oublier les soucis de son travail et connaître les joies que seuls assurent son amour, son affection et sa compréhension. L'épouse qui adopte cette ligne de conduite est sage à l'égal des plus sages et, plus riche que la plupart des reines pour ce qui compte vraiment.

« Je mets l'épouse en garde contre le danger de laisser son instinct maternel supplanter son amour pour son mari, et de réserver ainsi tout son amour à ses enfants. Plusieurs foyers se sont brisés à cause de cette erreur.

« L'amour d'une femme, s'il est authentique, suffit largement à ses enfants et à son mari; heureuse est l'épouse qui veille à partager équitablement les trésors de son affection entre son mari et ses enfants, sans marquer de préférence pour l'un ou pour les autres de manière indue.

« Là où l'amour alimente généreusement l'harmonie familiale, il est rare que se posent des problèmes d'argent, car l'amour surmonte tous les obstacles et les difficultés, et il résout tous les problèmes.

« Des problèmes peuvent se présenter, il en va ainsi dans toute famille, mais l'amour devrait avoir raison d'eux. Gardez haut le flambeau de l'amour et vos désirs les plus chers seront comblés.

« Je connais la valeur de ces conseils pour les avoir suivis dans ma vie de famille, *et je peux affirmer en toute sincérité que je leur dois ma réussite matérielle.* »

(Cette affirmation de Carnegie n'est pas à prendre à la légère, car il amassa une fortune de plus de cinq cents millions de dollars; ceux qui connurent leur couple savent que *c'est madame Carnegie qui a fait son mari* !)

Les épouses dans les coulisses

Pour reprendre ce thème de l'harmonie familiale là où Carnegie le laissa, il est bon de noter ici que son expérience n'a rien d'exceptionnel.

Edison reconnut ouvertement que son épouse était sa source d'inspiration. Ils avaient tous les jours un tête à tête, le plus souvent à la fin de la journée de travail d'Edison. Personne n'était autorisé à les déranger; madame Edison y veillait, car elle savait quelle valeur elle accordait aux expériences de son mari.

Edison travaillait souvent tard le soir, mais sa femme attendait toujours son retour, curieuse de lui entendre faire le récit des succès et des échecs de sa journée. Elle était au courant de toutes ses expériences et s'y intéressait vivement.

Elle représentait pour Edison une sorte de « caisse de résonnance »; elle apportait un regard neuf à ses travaux et on dit que souvent ce fut elle qui fournit le maillon manquant à la chaîne pour qu'il puisse régler ses problèmes.

Si le principe fut d'une telle valeur pour des hommes de ce calibre, il devrait certainement en être de même pour des hommes qui luttent pour se faire une place dans la société.

Les princes de l'amour et du romantisme jouèrent un rôle important dans la vie des grands leaders. L'histoire de Robert et d'Elizabeth Browning fournit la preuve que ces entités invisibles, qu'ils acceptaient et respectaient, étaient largement responsables de leur inspiration poétique.

John Wanamaker, le « prince marchand » de Philadelphie, comme l'appelaient des milliers de gens, reconnut dans sa femme la responsable de son accession à la renommée et à la fortune. Ils réservaient toujours une partie de leurs soirées pour un tête à tête inspiré par le principe du cerveau collectif.

L'histoire attribue à l'influence de sa première épouse, Joséphine, l'accession de Napoléon Bonaparte à la gloire militaire. Il commenca à connaître ses revers militaires lorsque sa soif de pouvoir lui fit écarter Joséphine; sa défaite et son exil dans la solitude de Sainte-Hélène n'étaient alors plus bien loin.

Il n'est pas hors de propos d'indiquer ici que beaucoup de Napoléon des affaires de notre époque mordirent la poussière pour les mêmes raisons. Il est fréquent que des hommes maintiennent l'harmonie avec leur épouse jusqu'au jour où, ayant atteint le pouvoir, la renommée et la fortune, « ils les remplacent par un modèle plus récent », comme dit Andrew Carnegie.

L'histoire de Charles Schwab fut différente. Lui aussi atteignit la renommée et la fortune, grâce à son alliance harmonieuse avec Carnegie et avec sa femme. Cette dernière fut infirme pendant la plus grande partie de leur union. Il ne trouva pas que son infirmité était une raison pour l'abandonner; au contraire, il se tint à ses côtés jusqu'à sa mort, parce qu'il estimait que la loyauté est la première exigence d'un caractère sain.

La loyauté

Puisque nous en sommes ici à la question de la loyauté, c'est l'occasion de dire que son absence dans les relations d'affaires est l'un des facteurs les plus importants de l'échec. Tant et aussi longtemps que l'on maintient un esprit de loyauté dans ses relations d'affaires, on trouve généralement le moyen de surmonter les difficultés et les échecs.

Certains ont dit que le premier trait de caractère que recherchait Carnegie chez les jeunes gens qu'il élevait du statut d'ouvriers à celui d'administrateurs prospères était la loyauté. Il disait souvent que, si un homme ne possédait pas cette qualité, il lui manquait la base essentielle du caractère.

Ses méthodes d'évaluation de la loyauté étaient ingénieuses et variées. Il les appliquait avant et après les promotions jusqu'à ce qu'il n'ait plus aucun doute. Le fait qu'il se soit rarement trompé prouve sa profonde compréhension des hommes.

Ne confiez pas les raisons de vos alliances conclues sous le signe du cerveau collectif à ceux qui y sont étrangers et assurez-vous que vos alliés font de même, parce que les oisifs, les envieux et les moqueurs se tiennent en retrait de la vie dans l'attente de l'occasion de semer les germes du découragement dans l'esprit de ceux qui valent mieux qu'eux. Évitez cet écueil en gardant vos projets secrets, à l'exception de ce que vos actions et vos réalisations en révèlent.

Ne vous rendez pas aux réunions de vos alliés dans une disposition d'esprit négative. N'oubliez pas que, si vous êtes le leader du groupe, la responsabilité vous revient de maintenir chez chacun des membres de l'alliance un haut niveau d'intérêt et d'enthousiasme. Vous ne pouvez y réussir, lorsque vous êtes négatif. De plus, les hommes ne suivent pas avec enthousiasme celui qui manifeste une tendance au doute, à l'indécision et au manque de foi dans l'objet de son objectif vital. Maintenez un degré élevé d'enthousiasme chez vos alliés en le cultivant en vous-même.

N'oubliez pas de vous assurer que chaque membre de votre alliance reçoive sous une forme ou sous une autre, une rétribution proportionnelle de sa contribution à vos réussites. Souvenez-vous que personne n'agit avec enthousiasme, à moins qu'il y trouve son profit. Familiarisez-vous avec les neuf motivations fondamentales qui inspirent toute action volontaire, et veillez à ce que chaque membre de votre alliance soit adéquatement motivé à vous confier sa loyauté, son enthousiasme et une confiance totale.

Si votre alliance est motivée par le désir de gains matériels, assurez-vous que vous donnez plus que vous ne recevez, en adoptant et en appliquant le principe du *don de soi*. Faites cela de votre propre initiative, avant qu'on ne vous le demande, si vous désirez en retirer le meilleur parti.

N'admettez pas vos rivaux dans votre alliance, mais adoptez la règle du Rotary qui veut qu'on ne s'entoure que d'hommes qui n'ont pas de raisons d'éprouver d'hostilité les uns à l'égard des autres, que d'hommes qui ne sont pas en situation de concurrence.

Ne tentez pas de dominer votre groupe d'alliés par la force, la peur ni la coercition; assurez votre autorité par une diplomatie fondée sur la loyauté et la coopération. L'époque où l'on commandait par la force est révolue. Ne tentez pas de la faire revivre; elle n'a pas sa place chez les gens civilisés.

Faites tout votre possible pour créer un esprit d'amitié entre vos alliés, car l'esprit d'amicale coopération vous assurera un pouvoir inaccessible par d'autres moyens.

L'alliance la plus puissante de l'histoire fut contractée par les Nations unies, au cours de la Seconde Guerre mondiale. Ses signataires annoncèrent au monde entier que leur objectif vital résidait dans leur détermination à établir la liberté pour tous les peuples de la terre, *tant vainqueurs que vaincus* !

Cette décision vaut des milliers de victoires sur les champs de bataille, car elle eut pour effet d'établir la confiance dans l'esprit des peuples qui étaient affectés par l'issue de la guerre. Sans la confiance, il ne peut y avoir de relations du cerveau collectif ni dans le domaine des opérations militaires ni dans aucun autre domaine.

La confiance est la base de toute relation harmonieuse. N'oubliez pas cela, lorsque vous contractez vos alliances, si vous désirez qu'elles soient durables et qu'elles servent bien vos intérêts.

Vous connaissez maintenant le principe moteur de la plus grande des sources de puissance personnelle parmi les hommes : le cerveau collectif.

La combinaison des quatre premiers principes de notre philosophie, l'habitude de donner de sa personne, la détermination, le cerveau collectif et celui qui va suivre, vous permettra d'acquérir le secret de la puissance qu'assure le passe-partout vers les richesses.

Je vous incite donc à aborder le chapitre suivant avec un esprit en éveil, car il se pourrait bien que ce chapitre représente le point tournant de votre existence.

Je vais maintenant vous révéler comment on peut vraiment atteindre la juste compréhension d'un pouvoir qui défie les analyses de tous les savants. Bien plus, j'espère vous fournir la formule qui vous permettra de vous approprier ce pouvoir et de l'utiliser pour atteindre votre objectif vital.

8

La foi en action

La foi en action est un visiteur royal qui ne pénètre que dans les esprits qui se sont préparés à le recevoir en s'imposant une *discipline personnelle.*

Comme tout visiteur de marque, la foi a droit à la meilleure pièce, que dis-je, au meilleur appartement dans le château de notre esprit.

Elle ne se laisse pas reléguer aux quartiers des domestiques et ne veut rien savoir de l'envie, de la cupidité, de la superstition, de la haine, de l'esprit de vengeance, de la vanité, du doute, de l'inquiétude ni de la peur.

Méditez sur cette vérité et vous serez bien près d'accéder à la compréhension de cette puissance mystérieuse qui déconcerte les savants depuis la nuit des temps.

Vous comprendrez alors la nécessité qu'il y a à *conditionner votre esprit* au moyen d'une discipline personnelle, avant de pouvoir espérer que la foi devienne votre hôte permanent.

Rappelez-vous les paroles d'Emerson, le sage de Concord : « On peut apprendre de tout homme, aussi suis-je l'élève de tous. » Je vous présente maintenant ce grand bienfaiteur de l'humanité, pour que vous appreniez comment on conditionne son esprit afin d'y manifester la foi.

Donnons-lui la parole :

« Au cours de la Grande Dépression qui commença en 1929, je suivis un cours d'études supérieures à l'illustre université des coups durs.

« C'est alors que je découvris le trésor caché que je possédais sans l'avoir jamais utilisé.

« J'en fis la découverte le jour où je reçus un avis qui m'annonçait que ma banque avait fermé ses portes, définitivement selon toute probabilité, car c'est ce jour-là que je me mis à faire l'inventaire de mes richesses immatérielles inexploitées.

« Suis-moi, lecteur, tandis que je te décris ce que me révéla mon inventaire. Commençons par l'article le plus important de la liste : *la foi inutilisée.*

« Lorsque je sondai les profondeurs de mon coeur, je découvris que, en dépit de mes pertes financières, je disposais d'une foi abondante en l'Intelligence Infinie et en mon prochain.

« Cette découverte s'accompagna d'une autre découverte d'égale importance : *la foi peut accomplir ce que tout l'argent du monde ne saurait faire.*

« Lorsque je possédais tout l'argent dont j'avais besoin, je commis la grave erreur de croire que l'argent était une source permanente de pouvoir. Une étonnante révélation m'était maintenant faite : l'argent, sans la foi, n'est rien de plus qu'une matière inerte, *dépourvue en soi de tout pouvoir.*

« Découvrant, peut-être pour la première fois de ma vie, la puissance formidable d'une foi solide, je m'analysai soigneusement pour déterminer la quantité de cette forme de richesse que je possédais. Cette analyse devait me surprendre et me réconforter.

« Je commençai par aller faire une promenade dans les bois. Je voulais m'éloigner de la foule, des bruits de la ville, des discordances de la société et des inquiétudes des hommes pour pouvoir méditer en silence.

« Ah ! Quel réconfort n'y a-t-il pas dans le mot silence.

« Au cours de ma promenade, je ramassai un gland et le tint au creux de ma main. Il était là, près des racines d'un énorme chêne qui s'était effondré sur le sol. Il était si vénérable qui'il devait déjà être de belle taille, quand George Washington n'était encore qu'un enfant.

« Considérant cet arbre magnifique, puis son embryon dans ma main, je compris que cet arbre était né d'un modeste gland. Je compris aussi qu'aucun homme n'aurait pu créer un tel arbre.

« J'étais conscient du fait que quelque Intelligence subtile avait créé le gland d'où naît l'arbre, l'avait fait germer et commencer à pousser.

« Puis je compris que les plus grandes puissances sont impalpables; ce ne sont pas des puissances qui reposent sur des comptes en banque ou des biens matériels.

« Je pris une poignée de terre sombre et en recouvris le gland. Je tins dans ma main *la portion visible* de la substance dont était né cet arbre splendide.

« Sur les racines de ce géant, je ramassai une fougère. Ses feuilles étaient finement modelées, oui, *modelées*, et je compris, comme je l'examinais, qu'elle avait été créée par cette même Intelligence qui avait conçu le chêne.

« Je continuai ma promenade à travers les bois et je découvris un ruisseau à l'eau vive et claire. J'étais fatigué : je m'assis pour me reposer et pour prêter l'oreille à son chant rythmé, dansant vers la mer.

« Je me remémorai alors ma jeunesse, et mes jeux auprès d'un ruisseau similaire. Assis à écouter la chanson des eaux, je pris conscience de l'invisible, une Intelligence, qui parlait en moi, qui me racontait l'histoire enchantée des eaux et me disait :

« Eau vive : Eau pure et utile depuis que notre planète s'est attiédie pour devenir le territoire de l'homme, des bêtes et des végétaux.

« Eau vive ! Ah, que d'histoires à dire, si tu parlais notre langage. Tu étanchas la soif d'innombrables voyageurs, nourris les fleurs; tranformée en vapeur, tu fis tourner les machines, puis tu te condenses pour retrouver ta forme originelle. Tu nettoyas les égouts, lavas les chaussées, rendis d'innombrables services à l'homme et aux animaux, pour toujours retourner à ta source, à la mer, t'y purifier, puis reprendre ton voyage et nous servir encore.

« Tu voyages toujours dans une seule direction, vers les mers d'où tu es venue un jour. Tu ne cesses de bouger, mais tu sembles toujours heureuse de t'occuper.

« Eau vive ! Substance pure et limpide. Tu as beau accomplir les travaux les plus sales, à la fin de ceux-ci tu te purifies.

« On ne peut ni te créer ni te détruire. Tu es synonyme de toute vie. Sans toi, bienfaisante, aucune vie sur terre n'existerait !

« Et l'eau du ruisseau ondulait, riait, courait vers la mer.

« L'histoire de l'eau se termina alors, mais j'en avais retenu son bel enseignement; j'avais approché la plus grande de toutes les formes d'Intelligence. Je sentais l'existence de cette même Intelligence qui avait créé la puissance du chêne d'un humble gland, cette Intelligence qui avait modelé les feuilles de la fougère avec un art qu'aucun homme ne saurait égaler.

« Les ombres des arbres s'allongeaient; le jour tirait à sa fin.

« Tandis que, à l'ouest, le soleil descendait lentement vers l'horizon, je compris qu'il avait, lui aussi, joué son rôle dans le sermon merveilleux que j'avais écouté.

« Sans le concours bienveillant du soleil, le gland n'aurait pu se transformer en chêne. Sans lui, l'eau vive du ruisseau serait restée prisonnière de l'océan et la vie sur terre ne serait jamais née.

« Ces réflexions me fournirent une belle conclusion au sermon que je venais d'entendre, au sujet de l'affinité romantique qui existe entre le soleil, l'eau et toute forme de vie sur terre, et à côté desquelles toute autre romance semble vaine.

« Je ramassai un petit caillou blanc et net qu'avaient poli les eaux du ruisseau. Comme je le tenais au creux de ma main, j'entendis une voix encore plus distincte me parler. L'Intelligence qui me communiquait ce sermon semblait dire :

« Regarde, ô mortel, le miracle que tu tiens dans ta main.

« Je ne suis qu'un petit caillou, et pourtant je suis un morceau de l'univers, sa substance qui s'étend jusqu'aux étoiles que tu vois là-bas.

« Je semble mort, inerte, mais mon apparence te trompe. Je me compose de molécules. Dans chacune de celles-ci, il y a des myriades d'atomes, dont chacun est un petit univers. À l'intérieur des atomes, d'innombrables électrons évoluent à des vitesses fantastiques.

« Je ne suis pas une pierre inerte, mais un ensemble organisé d'unités animées d'une énergie incessante.

« On dirait que je suis une masse solide, mais l'apparence est une illusion, car mes électrons sont séparés les uns des autres par une distance plus importante que leur taille.

« Étudie-moi soigneusement, ô passant, et souviens-toi que les grandes puissances de l'univers sont impalpables, que les valeurs de la vie ne se trouvent pas au fond des banques.

« La pensée qui m'était ici communiquée était si lumineuse que j'étais comme envoûté, car je me rendais compte que je tenais dans ma main une portion infinitésimale de l'énergie qui tient le soleil, les étoiles et la terre, où nous passons fugitivement, à leurs places respectives.

« La méditation m'apprit cette belle réalité de la loi, et de l'ordre qui régit même un tout petit caillou. Je vis que, dans sa masse, le merveilleux et la réalité de la nature se combinaient. Je vis en lui que la réalité dépassait la fiction.

« Je n'avais, jusqu'alors, jamais ressenti à ce point l'existence et la portée de la loi, de l'ordre de la nature, de son plan, qui se révèlent dans tout ce que l'esprit humain peut saisir. Je ne m'étais jamais senti aussi proche de la source de ma foi en l'Intelligence Infinie.

« C'était une merveilleuse expérience, que d'être là au sein de la nature, parmi ses bois et ses clairs ruisseaux, nature sereine qui appelait mon âme lasse au repos, au calme, pour que je puisse sentir, prêter l'oreille, contempler, tandis que l'Intelligence Infinie me racontait l'histoire de sa réalité.

« Jamais, de toute ma vie, je n'avais été aussi conscient de l'existence de l'Intelligence Infinie, la source de ma foi.

« Je flânai dans ce paradis retrouvé jusqu'à ce que l'étoile du berger commence à scintiller; puis je repris, à regret, le chemin de la ville pour me mêler encore une fois à ceux qui, comme des galériens, sont soumis à la loi inexorable de la société, à cette folle confusion d'hommes en quête d'objets dont ils n'ont pas besoin.

« Je retrouvai mon cabinet de travail, mes livres, ma machine à écrire sur laquelle je relate le récit de mon expérience. Mais je suis envahi par un sentiment de solitude, et par le désir de retourner vers ce ruisseau ami, où, il y a seulement quelques heures, je baignais mon âme et contemplais la plénitude de l'Intelligence Infinie.

« Je sais que ma foi en l'Intelligence Infinie est forte et durable. Ce n'est pas une foi aveugle; elle est basée sur un examen approfondi des oeuvres de l'Intelligence Infinie et trouve son expression dans l'ordre de l'univers.

« J'avais recherché la source de ma foi dans la mauvaise direction. Je l'avais recherchée dans les actions des hommes, dans les relations humaines, dans l'argent et dans les biens matériels.

« Je la trouvai dans un gland minuscule, dans un énorme chêne dans un petit caillou, dans les feuilles de l'humble fougère et l'humus de la terre; dans notre ami le soleil, qui réchauffe la terre et anime les eaux; dans l'étoile du berger; dans le silence et la paix des grands espaces.

« J'estime que l'Intelligence Infinie se révèle mieux dans le silence que dans le tumulte des luttes humaines, ces folles luttes pour obtenir des objets matériels.

« Mon compte en banque s'était évanoui en fumée, ma banque avait fermé ses portes, mais je me retrouvais plus riche que la plupart des millionnaires, parce que j'avais découvert le droit chemin de la foi. Grâce à cette puissance qui me pousse, je peux accumuler assez d'argent pour satisfaire mes besoins.

« Eh oui, je suis plus riche que la plupart des millionnaires, car je m'alimente à une source d'inspiration et de puissance intérieure, alors que nombre d'hommes parmi les plus riches doivent s'en remettre à leur compte en banque et à leurs actions en Bourse pour y trouver puissance et stimulation.

« *La source de ma puissance est aussi libre et aussi vaste que l'air que je respire* ! Je n'ai, pour en disposer, qu'à m'adresser à ma foi, à cette foi que j'ai en abondance.

« Je vérifiai ainsi encore une fois cette vérité : tout revers porte en lui le germe d'un bénéfice équivalent. Un revers me coûta mon argent mais, grâce à lui, je découvris la voie de toutes les richesses ! »

Les sources éternelles de la foi

Voilà donc le récit d'un homme qui découvrit comment conditionner son esprit pour que s'y exprime la foi.

Quelle histoire fascinante ! *Fascinante à cause de sa simplicité.*

Voilà un homme qui découvrit un sûr appui à une foi durable; non pas dans les comptes en banque ni dans les richesses matérielles, mais dans le germe d'un chêne, les feuilles d'une fougère, un petit caillou et un ruisseau, toutes choses que chacun peut observer et apprécier.

L'observation de ces choses simples lui fit reconnaître que les plus grandes puissances sont impondérables.

Je vous ai raconté l'histoire de cet homme pour que vous compreniez comment on peut y voir clair même au milieu du chaos et des difficultés insurmontables, et comment on peut préparer son esprit à l'expression de la foi.

L'élément capital de ce récit est le suivant :

Lorsque l'esprit se libère de ses *dispositions négatives*, la puissance de la foi commence à se manifester.

Toute personne étudiant cette philosophie devra apporter une attention toute particulière à cette importante observation.

Passons maintenant à l'analyse de la foi, tout en étant bien conscient que celle-ci est une puissance qui défie les analyses de tout le corps scientifique.

La foi est en quatrième place dans cette philosophie, car elle représente, en quelque sorte, la « quatrième dimension », bien qu'elle soit présentée ici dans sa relation avec la réussite personnelle.

La foi est un état d'esprit qui mérite d'être appelé « le ressort de l'âme », et grâce auquel nos projets, nos désirs et nos objectifs trouvent leurs équivalents matériels ou financiers.

Nous avons déjà noté qu'une grande puissance peut s'atteindre par la mise en pratique 1) de l'habitude de donner de sa personne, 2) de la détermination, 3) du principe du cerveau collectif. Cette puissance, pourtant, est mince comparée à celle dont on dispose par la combinaison de ces principes avec cette disposition d'esprit que nous appelons la foi.

Nous avons déjà fait la remarque que *l'aptitude à croire* constitue l'une des douze richesses. Considérons maintenant comment cette aptitude peut se nourrir de cette étrange puissance, ce grand bouclier de la civilisation, cette cause déterminante de tout progrès, cet esprit directeur de toute entreprise humaine.

N'oublions pas, tout d'abord, que la foi est une disposition d'esprit que ne peuvent connaître que ceux qui comprennent l'art d'exercer *un complet contrôle sur leur esprit* ! Voilà la seule et unique prérogative qui soit pleinement nôtre.

La foi ne manifeste ses puissances que dans les esprits qui sont prêts à la recevoir. La voie pour y parvenir est connue et elle est ouverte à tous ceux qui désirent la trouver.

Les principes essentiels de la foi

a) La détermination fondée sur l'esprit d'initiative ou *l'action*.
b) L'habitude de *faire le kilomètre extra* dans toutes les relations humaines.
c) Le cerveau collectif dans nos alliances avec une ou plusieurs personnes dont la foi inspire le courage, et qui sont en accord intellectuel et spirituel avec leurs besoins dans leurs entreprises.
d) Un esprit positif, libre de la peur, de l'envie, de la cupidité, de la haine, de la jalousie et de la superstition. (Une disposition d'esprit positive est la première des douze richesses.)
e) La reconnaissance de la vérité que tout revers porte en soi le germe d'un bénéfice équivalent; que, si on ne s'avoue pas vaincu, *perdre une bataille, ce n'est pas perdre la guerre*.

f) L'habitude d'affirmer son objectif vital par une méditation quotidienne.
g) La reconnaissance de l'existence de l'Intelligence Infinie qui donne son ordre à l'univers; l'admission que chaque individu est une expression infime de cette Intelligence et que, de ce fait, notre esprit n'a d'autres limites que celles que nous lui imposons.
h) Un inventaire soigneux de nos défaites et revers passés, ce qui nous permettra de saisir cette vérité : que de telles expériences portent en elles-mêmes le germe d'un bénéfice équivalent.
i) L'intégrité telle qu'elle s'exprime dans l'harmonie avec sa conscience.
j) La reconnaissance de l'unité de l'humanité.

Voilà les principes essentiels qui préparent l'esprit à manifester la foi. Leur application n'exige aucun degré de supériorité, mais de l'intelligence et *une profonde soif de vérité et de justice*.

La foi n'élit que celui dont l'esprit est positif !

C'est « l'élan vital » qui donne puissance, inspiration et mouvement à un esprit positif. C'est la puissance qui permet à un esprit positif d'agir comme un « électro-aimant » et de s'attirer la contrepartie exacte des pensées qu'il exprime.

La foi assure à l'esprit ses ressources et lui permet de « profiter de tout ». Elle perçoit, en toutes circonstances, les occasions favorables à la réussite de l'objet de notre foi, *et va même jusqu'à nous fournir les moyens de transformer nos revers en un succès équivalent*.

La foi nous permet de pénétrer les secrets de la nature, de comprendre son langage, qui s'exprime dans ses lois.

C'est de cette révélation que viennent toutes les grandes inventions qui servirent l'humanité. C'est de là que vient aussi une meilleure compréhension des moyens d'atteindre la liberté grâce à l'harmonie dans les relations entre les hommes.

La foi permet le succès de ce que l'homme peut *concevoir* et *croire* ! Edison était certain qu'il arriverait à mettre au point une ampoule électrique et, bien qu'il échoua plus de 10 000 fois, la foi le guida vers la découverte du secret qu'il tentait de pénétrer.

Marconi était certain que l'énergie de l'éther pouvait transmettre les vibratons d'un son, par l'intermédiaire d'un fil. La foi le soutint à travers ses innombrables échecs jusqu'à son triomphe final.

Christophe Colomb était certain que la terre était ronde, et qu'il découvrirait une terre au delà de l'océan inconnu, s'il poursuivait sa route. En dépit des protestations de ses marins *incrédules,* il continua à aller de l'avant et sa foi fut récompensée.

Helen Keller était certaine qu'elle pouvait apprendre à parler, sourde, aveugle et muette comme elle était. Sa foi lui rendit l'usage de la parole et lui permit d'entendre grâce au sens du toucher, ce qui prouve que la foi assure la réalisation des désirs humains.

Si vous voulez posséder la foi, fixez votre esprit sur vos désirs. Et rappelez-vous qu'il n'existe rien de tel qu'une foi aveugle, car la foi est la manifestation de la détermination d'esprit.

La foi est notre guide intérieur ! Cette force, c'est l'Intelligence Infinie appliquée à des fins précises. Elle ne nous apporte pas ce que nous désirons, mais elle nous guide vers l'objet de notre désir.

Comment manifester la puissance de la foi

a) Sachez ce que vous voulez et déterminez ce que vous pouvez donner en retour.

b) Lorsque vous affirmez les objets de vos désirs par la prière, représentez-vous par l'imagination comme si vous les aviez déjà atteints et agissez en conséquence. (Souvenez-vous que c'est en esprit que l'on possède tout d'abord quelque chose.)

c) Gardez votre esprit ouvert à vos *voix intérieures*; lorsque l'intuition vous dit de modifier vos plans ou d'en adopter d'autres, faites-le sans hésitation.

d) Lorsque vous connaissez un revers, ce qui peut vous arriver souvent, souvenez-vous que la foi doit être mise à l'épreuve et que votre revers est l'une de ces épreuves. Acceptez donc l'échec comme une occasion de fournir de plus grands efforts et persistez en croyant fermement en votre réussite.

e) Tout état d'esprit négatif détruit notre disposition à la foi, et nous mène au négativisme. Notre état d'esprit est la clef de tout; assurez-vous donc la maîtrise de votre esprit, libérez-le de toutes vos forces de tous ces hôtes indésirables qui sont les ennemis de la foi.

f) Apprenez à donner à la puissance de votre foi son expression, en écrivant noir sur blanc votre objectif vital et en méditant quotidiennement sur ce texte.

g) Associez à votre objectif vital le plus grand nombre possible des neuf motivations fondamentales décrites au chapitre 1.

h) Dressez la liste de tous les avantages que vous comptez obtenir en atteignant votre objectif vital et pensez-y plusieurs fois par jour. Il se créera ainsi un champ de réussite dans votre esprit. (C'est ce que l'on appelle l'autosuggession.)

i) Associez-vous, autant que possible, avec des gens qui sont sympathiques à votre objectif vital, des gens qui sont en harmonie avec vous, et faites en sorte qu'ils vous encouragent de toutes les façons possibles.

j) Ne laissez pas passer un seul jour sans vous rapprocher de votre objectif vital. « La foi sans les oeuvres est vaine », ne l'oubliez pas.

k) Prenez pour modèle une personne prospère, autonome et courageuse et décidez non seulement de l'imiter, mais de la dépasser. Que cela reste votre secret. (Les fanfaronnades seraient fatales à votre réussite, la foi étant étrangère à la vanité.)

l) Entourez-vous de livres, d'images, de devises et d'autres aide-mémoire qui suggèrent l'autonomie basée sur la foi, comme le firent bien des gens, afin de créer autour de vous une ambiance de prospérité et de réussite. Cette habitude produira d'étonnants résultats.

m) Adoptez l'habitude de ne jamais fuir devant les situations désagréables, mais d'y faire face et de créer un contre-feu quand elles se présentent. Vous découvrirez, qu'en leur faisant face sans crainte des conséquences, la bataille est pratiquement gagnée.

n) Acceptez cette vérité : Tout ce qui mérite d'être possédé doit être payé à son prix juste. Et le prix de la foi est, entre autres choses, une application scrupuleuse de ces instructions. Votre mot d'ordre doit être *persévérance* !

Voilà donc les moyens qui assurent l'épanouissement d'une *attitude mentale positive*, la seule attitude qui convienne à la foi. Ce sont eux qui amènent les richesses spirituelles ainsi que les richesses matérielles. Alimentez-en votre esprit.

Ce sont les moyens par lesquels l'esprit se prépare à refléter les expressions de l'âme.

La foi en action

Nourrissez ainsi votre esprit et il vous sera facile d'apprendre à *faire le kilomètre extra*.

Il vous sera facile de maintenir votre esprit fixé sur vos désirs en ayant la certitude qu'ils se réaliseront.

« La clef de tout homme, dit Emerson, c'est sa pensée. »

C'est la vérité. Tout homme d'aujourd'hui est le produit de ses pensées d'hier !

James Hill était assis à son télégraphe, la main levée, en attendant qu'une ligne se libère. Mais il n'était pas inactif pour autant. Son imagination était en éveil; il bâtissait un réseau de chemins de fer transcontinental, grâce auxquels il espérait pouvoir exploiter les vastes ressources des espaces vierges de l'Ouest américain.

Il n'avait pas d'argent, pas de protecteurs influents, pas de grande réalisation à son crédit pour lui assurer le prestige. Mais il avait la foi, cette force irrésistible pour laquelle rien n'est impossible.

Il écrivit en détail quel était son objectif vital.

Il inscrivit sur une carte des États-Unis son projet de voie ferrée.

Il la glissait sous son oreiller avant de s'endormir, ne s'en séparait jamais. Il alimenta son esprit de ce désir d'accomplir son « rêve » et ce rêve devint réalité.

Le lendemain du jour où le grand incendie de Chicago réduisit en cendres le quartier commercial de la ville, Marshall Field se rendit sur les lieux où, la veille, s'élevait son magasin de vente au détail.

Tout autour de lui, des groupes de commerçants, dont les magasins avaient été détruits, discutaient. Il prêta l'oreille à leurs conversations et apprit qu'ils avaient perdu espoir et que nombre d'entre eux avaient déjà pris la décision d'immigrer vers l'Ouest pour repartir à zéro,

S'adressant aux groupes les plus proches, Field leur parla ainsi :

« Messieurs, faites comme il vous plaira; quant à moi, je reste ici. Regardez les ruines de mon magasin, eh bien, j'y construirai le magasin de détail le plus grand du monde entier. »

Le magasin que Field bâtit grâce à sa foi existe toujours.

Ces hommes et bien d'autres furent les pionniers de notre Amérique.

Ils nous donnèrent le cinéma parlant, le gramo-système de communications.

Ils nous donnèrent le cinéma parlant, le grammophone, l'avion, les gratte-ciel à armature d'acier, l'automobile, un réseau routier de qualité, les appareils électroménagers, les centrales électriques, la radiographie, les institutions financières et bancaires, les grandes compagnies d'assurance-vie; oui, et bien plus encore : ils ont, par leur foi, préparé la voie de la liberté dont jouissent tous les citoyens américains.

Le progrès n'est pas dû à un accident ni à la chance ! Il est dû à une *foi active*, manifestée par des hommes qui ont conditionné leur esprit à son expression, grâce aux dix-sept principes de notre philosophie.

L'espace que tout homme occupe en notre monde se mesure au degré de foi avec laquelle il agit.

Nous qui aspirons à jouir de la liberté et des richesses, nous ne devons pas l'oublier.

Nous ne devons pas oublier, non plus, que la foi ne fixe aucune limite à notre liberté ni aux richesses, mais qu'elle guide tout homme vers la réalisation de ses désirs, quels qu'ils soient, conformément à l'expression qu'il en donne.

Et bien que la foi soit la seule puissance qui défie les analyses des savants, le moyen de la traduire en actes est simple et peut être compris par les esprits les plus simples, aussi est-elle le bien commun de toute l'humanité.

Ce chapitre décrit simplement tout ce que l'on sait du processus de la foi active; toutes les étapes de ce processus sont accessibles à chacun.

La foi commence par la détermination qui agit dans un esprit préparé, en cultivant une attitude mentale positive. Elle atteint la plénitude de sa puissance grâce à une *action physique* orientée vers un objectif déterminé.

Toute action volontaire s'inspire de l'une ou de plusieurs des motivations fondamentales. Il n'est pas difficile d'acquérir la foi, dans la poursuite de ses désirs.

Voyez comme un homme motivé par *l'amour* se trouve rapidement des ailes pour agir grâce à la foi. L'action devient une oeuvre d'amour, qui est l'une des douze richesses.

Qu'un homme se fixe comme objectif l'accumulation des biens matériels et chacune de ses entreprises devient rapidement une oeuvre d'amour. La journée n'est pas assez longue pour ses besoins et, bien qu'il travaille beaucoup, il découvre que sa fatigue est atténuée, grâce aux joies de *l'expression personnelle*, qui est une autre des douze richesses.

Ainsi, toutes les résistances de la vie s'évanouissent devant l'homme qui a préparé son esprit à l'expression personnelle par la foi. La réussite devient inévitable. La joie couronne chacun de ses efforts. Il n'a ni le temps ni le goût pour la haine. *L'harmonie dans ses relations* lui vient naturellement. Son *espoir de réussite* est élevé, permanent, car il se voit déjà en possession de l'objet de son ambition. L'intolérance cède la place à *l'ouverture d'esprit.*

La *discipline* devient pour lui aussi naturelle que le fait de s'alimenter. Il comprend les gens parce qu'il les aime et, à cause de cet amour, il est prêt à *partager sa bonne fortune. Il ne connaît pas la peur*, car ses peurs se sont dissipées devant sa foi. Les douze richesses sont maintenant siennes !

La foi est une expression de gratitude dans la relation de l'homme avec son Créateur. La peur manifeste l'influence du mal et suppose un manque de *foi* dans le Créateur.

La plus grande des richesses de la vie consiste à comprendre les quatre principes que j'ai exposés. Ces principes sont les « quatre as » de notre philosophie, car ils constituent l'essence même, la pierre d'assise du passe-partout qui permet d'accéder à la puissance de la pensée et aux secrets de notre âme.

Servez-vous de ce passe-partout avec discernement et vous serez libre !

Quelques détenteurs du passe-partout

Dans une modeste cabane du Kentucky, un petit garçon, allongé devant la cheminée, apprenait à écrire. Il avait pour ardoise le dos d'une pelle de bois, et un morceau de charbon lui servait de craie.

Une femme, tendrement penchée vers lui, l'encourageait. Sa maman ! Le petit garçon devint un homme, sans qu'il parut promis à la gloire.

Il étudia le droit, tenta d'y gagner sa vie, mais sans succès.

Il s'engagea dans l'armée, mais n'y brilla pas. Tout ce qu'il entreprenait semblait toujours tourner à rien.

Un grand amour vint et cet amour se termina par la mort de la femme aimée. La douleur ravagea son âme et c'est là qu'il découvrit *la puissance secrète* cachée en lui.

Il se saisit de cette puissance, et s'en servit si bien qu'il devint président des États-Unis. Il abolit l'esclavage et sauva l'union de la désintégration, lorsque tout la menaçait.

Le grand émancipateur est aujourd'hui un citoyen de l'univers. L'esprit de cette grande âme, cet esprit qui fut libéré par la puissance secrète qui habitait en lui, continue son oeuvre.

Ainsi, cette puissance intérieure ne connaît pas les classes sociales ! Elle s'offre à l'humble et au pauvre comme au riche et au puissant. Elle ne se communique pas nécessairement d'une personne à une autre. Tous ceux qui pensent, la possèdent. Elle ne peut être mise en oeuvre par personne d'autre que par vous-même. Elle vient de l'intérieur; elle s'offre à tous ceux qui la désirent.

Quelle est cette peur étrange qui s'empare de l'esprit des hommes et court-circuite leur approche de cette puissance intérieure ? Pourtant, lorsqu'elle est reconnue et exploitée, cette puissance les élève aux sommets. Pourquoi et comment la vaste majorité devient-elle victime d'une hypnose qui détruit son aptitude à se servir de cette puissance secrète de son esprit ? Comment venir à bout de cette hypnose ?

« Comment peut-on puiser dans cette puissance secrète intérieure ? » demandez-vous. Considérons quelques exemples.

Un jeune ecclésiastique du nom de Frank Gunsaulus avait longtemps rêvé de bâtir une université d'un modèle original. Il savait exactement ce qu'il voulait; la seule question c'était le coût, qui s'élevait à un million de dollars qu'il devait payer en liquide.

Il prit la décision de trouver ce million ! La fermeté de sa décision, appuyée sur sa détermination d'esprit, fut sa première étape.

Il écrivit un sermon : « Si j'avais un million de dollars » et annonça à la presse qu'il parlerait de ce sujet le dimanche suivant.

À la fin de son sermon, le jeune prédicateur vit un inconnu se lever, se diriger vers la chaire, lui tendre la main et dire : « Votre sermon m'a plu; venez à mon bureau demain matin; je vous donnerai ce million que vous désirez. »

Cet inconnu était Philip D. Armour, fondateur de la conserverie Armour. Son don permit la création du Centre de Technologie Armour, l'un des meilleurs instituts du pays.

Voilà donc ce qui arriva. Ce qui se produisit dans l'esprit du jeune prédicateur, qui lui permit de communiquer avec la puissance secrète qui demeure en l'esprit de l'homme, reste l'objet de nos conjectures.

Mais le processus par lequel cette puissance fut stimulée vient d'une *foi active* !

Peu après sa naissance, Helen Keller fut frappée par un mal qui lui enleva l'usage de la vue, de l'ouïe et de la parole. Privée des trois sens les plus importants, elle entrait dans la vie avec un handicap que la plupart des gens ne connaissent pas de toute leur existence.

Grâce à l'aide d'une femme dévouée qui connaissait l'existence de notre puissance secrète intérieure, Helen Keller entra en contact avec cette puissance et se mit à l'exploiter. Elle donne ici une indication précise quant à l'un des moyens par lesquels cette puissance peut se manifester.

« La foi bien assumée, a-t-elle dit, est *active*, et non *passive* ! La foi passive n'est pas plus une force que la vue est présente en un oeil qui ne regarde pas et ne cherche pas. La foi active ignore la peur. Elle nie que Dieu trahisse ses créatures et les condamne au monde de la nuit. Elle rejette le désespoir. S'il s'appuie sur la foi, le plus faible des mortels est plus puissant que le malheur. »

La foi, *basée sur l'action*, fut l'instrument qui permit à Helen Keller de surmonter ses infirmités et de vivre une vie utile.

L'une des sources de notre puissance secrète

Feuilletez un livre d'histoire et vous verrez que l'histoire de la civilisation nous renvoie inévitablement aux travaux des hommes et des femmes qui ont ouvert la porte à cette puissance intérieure secrète, dont le passe-partout est la *foi active* ! Observez également comme les grandes réalisations humaines se sont accomplies à travers luttes, difficultés et obstacles apparemment insurmontables; des obstacles qui résistent à tout, sauf à *une volonté invincible aidée d'une foi constante* ! *Une volonté invincible aidée d'une foi constante*, tel est le moyen par excellence par lequel on peut atteindre la porte de l'esprit, derrière laquelle se cache cette puissance secrète.

Les hommes qui découvrent ce secret et qui l'appliquent à la solution de leurs problèmes personnels se voient parfois qualifier de « rêveurs ». Mais remarquez qu'ils appuient leurs rêves sur l'action.

Lorsque Henry Kaiser construisit le barrage Hoover, au Nevada, il en confia une partie de la construction à Robert LeTourneau. Tout se passa pour le mieux au cours des premières semaines et tout le monde pensait gagner beaucoup d'argent.

Puis, comme il arrive souvent dans la vie des hommes, la fortune tourna : l'équipement d'excavation atteignit une grosse veine de granit que personne ne s'attendait à trouver là.

LeTourneau décida d'honorer son contrat, dans l'espoir que cette veine de roche dure ne soit pas trop épaisse. Il y consacra toute son énergie jusqu'au jour où il ne lui resta plus d'argent.

Entre-temps, il avait fait forer la pierre et avait découvert que la veine était trop épaisse, aussi reconnut-il à contrecoeur sa défaite toute temporaire.

Ses amis l'enjoignirent de déclarer faillite; il pourrait ainsi repartir à neuf dans un autre domaine.

« Non, s'écria-t-il, j'ai perdu mon argent dans la poussière, c'est là que je le regagnerai, et je rembourserai jusqu'au dernier sou que je dois. »

En cette courte phrase, LeTourneau exprima ce que recommande toute philosophie de la réussite. Il exprima sa détermination d'esprit et sa foi en sa capacité à transformer en victoire son échec.

« En cette heure de grande détresse, déclara LeTourneau, je découvris mon plus grand atout sous la forme d'un nouvel associé. Je lui ouvris la porte de mon entreprise. Je fis le travail physique et mon associé me dit comment m'y prendre. Son nom est Dieu. »

Son associé l'envoya dans les lieux les plus surprenants pour qu'il trouve le moyen de repartir en affaires. Avec les tringles de rideau de sa femme, des pièces d'une vieille auto et un vieux moteur pour fournir l'énergie, il construisit sa première excavatrice. Cet appareil fonctionna, mais il n'était pas assez gros, aussi LeTourneau alla-t-il musarder dans un cimetière de voitures, choisit les meilleures pièces et construisit un deuxième appareil. Celui-ci fonctionna beaucoup mieux que le premier, mais il était encore loin de répondre aux normes industrielles.

« Que dois-je faire maintenant? » demanda LeTourneau à son associé. La réponse ne tarda pas à venir : « Emprunte l'argent qu'il te faut et construis un vrai appareil avec des matériaux neufs. »

C'est ce que fit LeTourneau. À partir de ce moment, il vola de succès en succès jusqu'à ce qu'il obtienne la gloire et la fortune. Il avait découvert le germe d'un bénéfice équivalent à son échec du Nevada et il le fit s'épanouir en une fleur magnifique.

Il construisit, tout d'abord, une usine à Peoria, en Illinois, où son équipement d'excavation fut produit en grandes quantités; puis, une usine similaire à Toccoa, en Géorgie. Encore insatisfait, il construisit une autre grande usine à Vicksburg, dans le Mississippi, et, plus tard, une autre à Longview, au Texas.

Je travaillai avec LeTourneau pendant une période de dix-huit mois pour découvrir principalement quel était le « truc » de sa réussite. Je voulais bien croire que sa réussite venait de son association avec Dieu, mais je voulais apprendre *quand et comment* ce grand industriel entrait en contact avec son associé principal.

Un soir alors que nous rentrions à Toccoa dans son avion privé, après une conférence, je découvris son secret. Peu après le décollage, il s'affala sur une couchette et, en l'espace de quelques minutes, il dormait à poings fermés. Une demi-heure plus tard, il sortit un petit carnet de sa poche et se mit à y écrire quelques lignes, les yeux perdus dans le vague.

Cette scène se répéta trois fois avant notre arrivée à Toccoa. Une fois l'avion posé, je lui demandai s'il se rappelait avoir écrit dans son carnet.

« Pas du tout ! s'écria LeTourneau. J'ai pris des notes ? »

Il sortit le carnet de sa poche, le regarda quelques secondes et dit :

« Ça y est ! Ça faisait un mois que j'attendais ça. L'information qu'il me fallait pour pouvoir continuer. »

Nous sommes montés dans une voiture et nous nous sommes rendus directement chez LeTourneau. Nous n'avons pas échangé un seul mot durant tout le trajet.

Quoi qu'on puisse penser de la fameuse association de LeTourneau avec Dieu, deux faits indéniables qu'on ne peut écarter demeurent.

Tout d'abord, il fit faillite et perdit tout son argent. La plupart des gens auraient été découragés de se relancer dans le même domaine.

Ensuite, il se remit en selle pour devenir, en dépit de son absence presque complète d'instruction, l'un des industriels les plus prospères des États-Unis.

Quant à la question du *quand* et du *comment* il communiquait avec son associé principal, j'obtins la réponse que je cherchais. Ce contact s'établissait par l'intermédiaire de son subconscient, où il avait gravé soigneusement une image distincte de ce qu'il voulait avec la *certitude* absolue qu'il en obtiendrait une réponse à temps.

Ce système n'a rien de très nouveau. Chacun peut s'en servir. Il suffit d'avoir une détermination d'esprit et une foi active aussi fortes que celles de LeTourneau.

L'un des traits particuliers d'une foi bien assumée est qu'elle se manifeste généralement dans les moments difficiles pour obliger les hommes à dépasser la puissance de leur pensée afin qu'ils puissent solutionner leurs problèmes.

C'est lors de ces situations difficiles que nous puisons dans notre puissance intérieure secrète qui ne connaît pas de limites, comme par exemple une situation difficile telle celle qui se présenta aux cinquante-six hommes qui ont donné naissance aux États-Unis en signant la déclaration d'indépendance.

Voilà ce qu'est une foi active et bien assumée, car chacun des signataires savait que c'était peut-être sont arrêt de mort qu'il signait ainsi ! Par bonheur, cette déclaration devint un acte de liberté pour tous les hommes qui s'en réclamaient et pourrait bien le devenir pour le monde entier.

Les bénéfices de ce document furent proportionnels aux risques encourus par ses signataires. Ils mirent dans la balance leur vie, leur fortune et leur droit à la liberté, ces privilèges de tout être civilisé, et ils le firent sans aucune restriction mentale.

Le test de la foi

Voici un test qui permet à tout homme de mesurer sa capacité d'atteindre une *foi active* ! Pour être efficace, ce test doit s'accompagner de l'acceptation du risque qu'entraîne la situation : perte de la liberté, de la fortune et même de la vie. La foi sans risque est une foi passive qui, selon Helen Keller, « n'est pas plus une force que la vue est présente en un oeil qui ne regarde pas et ne cherche pas ».

Considérons maintenant les accomplissements de quelques-uns des grands hommes qui vinrent après les signataires de la déclaration d'indépendance. Leur foi, aussi, était active.

Ils découvrirent, eux aussi, cette puissance secrète intérieure, y puisèrent, l'exploitèrent pour faire de nos grands espaces vierges le « berceau de la démocratie ».

Des hommes tels que James Hill, qui repoussa la frontière de l'Ouest en reliant l'Atlantique au Pacifique grâce au chemin de fer.

Des hommes tels que Lee De Forest, qui perfectionna les moyens d'exploiter la formidable énergie de l'éther pour permettre, grâce à la radiophonie, des communications instantanées entre tous les peuples de la terre.

Des hommes tels qu'Edison, qui fit progresser la civilisation de plusieurs milliers d'années en mettant au point l'ampoule électrique, le gramophone, le cinéma et des dizaines d'autres inventions utiles pour alléger le fardeau de l'humanité, l'instruire et la distraire.

Ces hommes, et plusieurs autres, possédaient une *foi active* ! Nous les qualifions parfois de « génies », mais ils refusèrent ce titre d'honneur, car ils savaient que leurs réalisations, ils les devaient à cette puissance secrète intérieure qui s'offre à toute personne qui s'y abandonne.

Nous connaissons tous les réalisations de ces grands hommes, les racines de leur autorité; nous connaissons la nature et l'étendue des bienfaits que leurs travaux répandirent sur notre peuple; nous conservons pour lui la philosophie de la réussite personnelle, grâce à laquelle ces hommes permirent à ce pays de devenir la nation la plus riche et la plus libre du monde entier.

Nous ne discernons pas tous, malheureusement, les difficultés de leurs travaux, les obstacles qu'ils durent surmonter et l'esprit de *foi active* qui inspirait leurs oeuvres.

Nous pouvons, cependant, être certains d'une chose : *leurs réalisations furent exactement proportionnelles aux obstacles qu'ils durent surmonter.*

Ils se heurtèrent à ceux qui étaient destinés à profiter le plus de leurs combats, ces gens qui, par manque d'une *foi active*, voyaient d'un oeil sceptique toute nouveauté.

Les difficultés de la vie placent les hommes à la croisée des chemins; ils doivent choisir leur direction, celle de la foi ou l'autre, celle de la peur.

Pourquoi la vaste majorité des gens choisit-elle la route de la peur ? Eh bien, ce choix est déterminé par notre *attitude mentale* !

L'homme qui adopte la direction de la foi est celui qui a conditionné son esprit à croire, petit à petit, en prenant des décisions promptes et courageuses dans la vie quotidienne. L'homme qui choisit la direction de la peur agit ainsi parce qu'il a négligé de conditionner son esprit à être positif.

À Washington, un homme, assis dans un fauteuil roulant, quelques crayons dans une main, dans l'autre une timbale, gagne à peine de quoi vivre en mendiant. Son *excuse* : il perdit étant enfant, l'usage de ses jambes. Son cerveau ne fut pourtant pas affecté par cette paralysie. Il est fort, en bonne santé. Mais il adopta le chemin de la peur, lorsqu'il fut atteint par ce mal et son cerveau, inutilisé, s'atrophia.

Dans un autre quartier de la ville, un homme était affligé de la même infirmité. Il avait, lui aussi, perdu l'usage de ses jambes, mais sa réaction fut différente.

Arrivé à la croisée des chemins, obligé de décider, il choisit la direction de la foi; elle le mena directement à la Maison-Blanche, au poste le plus élevé qui soit.

Ce que la paralysie de ses membres lui avait fait perdre, il l'a regagné par l'usage de son cerveau et de sa volonté et il faut souligner que cette infirmité physique ne l'a en rien empêché de devenir l'un des hommes les plus actifs qui aient occupé le poste de président.

La différence de situation de ces deux hommes était considérable ! Mais ne nous laissons pas égarer sur les causes de cette différence : elle est entièrement due à leur *attitude mentale*. L'un a choisi la peur pour guide; l'autre, la foi.

Lorsque l'on étudie les circonstances qui élèvent certains au sommet et condamnent les autres au besoin, on constate le plus souvent que la différence de leur situation tient à leur attitude mentale. Le grand homme choisit la grand'route de la foi, le petit va vers l'ornière de la peur. L'éducation, l'expérience et le talent sont ici secondaires.

Lorsque, au bout de trois mois d'école, Edison fut renvoyé chez lui avec une note de son professeur indiquant qu'il avait l'esprit « brouillon », qu'il n'était pas bon à l'école, il eut alors la meilleure des excuses pour devenir un inadapté, un bon à rien, un raté, et c'est ce qu'il devint, à vrai dire, pendant un certain temps. Il fit des petits travaux, vendit des journaux, bricola avec des gadgets et des produits chimiques et se fit la réputation de toucher à tout et de n'être bon à rien.

Quelque chose se produisit alors dans l'esprit d'Edison, quelque chose qui devait rendre son nom immortel : par un processus étrange qu'il ne divulgua jamais vraiment, il découvrit sa puissance intérieure sacrète, en fit usage, la cultiva et, merveille ! au lieu de demeurer un esprit « brouillon », il devint un grand inventeur.

Lorsque nous voyons une ampoule électrique, un film, ou que nous écoutons un phonographe, nous devrions nous rappeler que ces inventions eurent lieu grâce à cette puissance intérieure secrète dont nous disposons à l'instar d'Edison. Bien plus, nous devrions nous sentir honteux quand, par négligence ou par indifférence, nous n'en faisons pas un usage approprié.

Notre puissance intérieure

L'une des caractéristiques particulières de cette puissance intérieure secrète réside dans le fait qu'elle aide les hommes à obtenir les objets qu'ils désirent, autrement dit, à traduire dans la réalité leurs pensées dominantes.

Dans la petite ville de Tyler, au Texas, un adolescent se trouvait dans une épicerie, où, assis près d'un poêle, quelques hommes passaient le temps. L'un d'eux leva les yeux vers le jeune, lui adressa un large sourire et dit : « Hé, petit, qu'est-ce que tu feras quand tu seras grand ? »

« Je vais vous dire ce que je ferai, répondit le garçon, je serai le plus grand avocat du monde, voilà ce que je serai, puisque vous voulez le savoir. »

Les hommes éclatèrent de rire ! Le garçon prit son sac d'épicerie et sortit calmement de la boutique.

Plus tard, lorsque ces hommes rirent, ce fut pour un motif tout à fait différent, car ce garçon était devenu une autorité dans l'univers des tribunaux; sa connaissance du droit était si grande qu'il gagnait plus d'argent que le président des États-Unis.

Son nom ? Martin Littleton. Il avait, lui aussi, découvert la puissance secrète de son esprit et cette puissance lui permettait de demander et d'obtenir les honoraires qu'il désirait.

En ce qui concerne la connaissance du droit, il existe des milliers d'avocats qui sont, peut-être, aussi qualifiés que Martin Littleton, mais rares sont ceux qui s'enrichissent dans cette profession, parce qu'ils n'ont pas découvert qu'il existe un facteur de succès en ce domaine qu'aucune faculté de droit n'enseigne.

Cet exemple est valable pour toutes les professions et toutes les entreprises. En tout domaine, il y a les rares, qui atteignent le sommet et, autour d'eux, les autres qui ne s'élèvent jamais au dessus de la médiocrité.

De ceux qui réussissent, il est souvent dit qu'ils ont de la chance. Ils en ont certes ! Mais étudiez les faits; vous découvrirez que leur « chance » tient à cette puissance intérieure secrète, qu'ils utilisèrent grâce à une *attitude mentale positive*, et grâce à la décision d'adopter la voie de la foi plutôt que celle de la peur et des entraves.

Notre puissance intérieure ne connaît pas d'obstacles permanents. Elle transforme l'échec en une stimulation pour nous faire redoubler d'efforts. Elle dissipe ces limites que nous nous imposons : le doute et la peur. Et dites-vous, surtout, qu'elle ne laisse, sur notre vie, aucune trace que nous ne puissions effacer.

Abordée avec cette puissance secrète, chaque journée apporte son lot d'occasions de réussite, chaque journée est libre des échecs passés.

Elle n'avantage aucune race ni aucune religion en particulier. Elle n'est pas arbitraire, n'engage personne à demeurer dans la pauvreté du seul fait qu'il y soit né.

Cette puissance intérieure transforme instantanément les effets négatifs de la force cosmique en effets positifs.

Elle n'admet pas de précédents, ne suit aucune recette, fait du plus humble des hommes un roi à volonté, à sa volonté.

Elle ouvre la seule et unique voie à la liberté.

Elle restaure la santé là où tout remède échoue et contredit les règles de la science médicale moderne.

Elle guérit les blessures de la douleur et les déceptions, quelles que soient leurs causes.

Elle transcende toute expérience, toute éducation, toute connaissance humaine.

Son seul prix est celui d'une foi inébranlable, d'une foi active.

Elle inspira le poète qui écrivit :

N'est-il pas étrange que les princes et les rois,
Les bouffons cabriolant dans la poussière des scènes,
Et tous les gens comme vous et moi
Soient tous les bâtisseurs de toute éternité.

À chacun son livret d'instructions,
Son bloc de pierre, son sac d'outils :
Il revient à chacun de le sculpter,
Pierre d'achoppement ou clef de voûte.

Cherchez tant que vous n'aurez pas trouvé la voie d'accès à cette puissance intérieure secrète; quand vous l'aurez trouvée, vous aurez découvert votre vrai moi, cet autre moi qui pourra tirer parti de toutes les expériences de la vie.

Alors, que vous ayez construit un meilleur piège à souris, écrit un meilleur livre ou fait un meilleur sermon, le monde viendra à votre porte, vous reconnaîtra, récompensera votre mérite, qui que vous soyez, quelles qu'aient été la nature et l'importance de vos échecs dans le passé. Qu'est-ce que ça peut faire que vous ayez connu l'échec ?

Il n'en fut pas autrement pour ceux qui connaissent aujourd'hui les succès les plus éclatants. Ils connurent tous l'échec d'une façon ou d'une autre, mais ils ne lui donnèrent pas ce nom : ils l'appelèrent simplement *revers provisoire*.

Avec l'aide de leur lumière intérieure, tous les grands hommes virent dans les revers ce qu'il faut vraiment y voir, c'est-à-dire *l'occasion de fournir un plus grand effort avec l'aide d'une foi plus grande*.

N'importe qui peut baisser les bras quand les choses vont mal. N'importe qui peut pleurer sur son sort face à un revers provisoire, mais les hommes que le monde honore ne s'appitoyèrent jamais sur leur sort.

On ne peut accéder à cette puissance en s'apitoyant sur soi-même. Nous ne pouvons l'obtenir par la peur et la crainte. Nous ne pouvons l'obtenir non plus par l'envie ni la haine, ni par l'avarice, ni par la cupidité.

Non, notre « autre moi » ne se soucie pas de ces sentiments négatifs. Il ne se manifeste que dans l'esprit qui s'est totalement libéré de toute attitude mentale négative. *Il s'épanouit dans les esprits qui sont guidés par la foi.*

Le combat d'un homme

Lee Braxton, de Whiteville, en Caroline du Nord, était né dans la pauvreté et avait réussi, à la force du poignet, à terminer sa sixième année à l'école.

Il était le dixième enfant d'une famille de douze et il avait dû se débrouiller très jeune par ses propres moyens. Son père était forgeron. Lee cirait les souliers, livrait les commissions, vendait les journaux, travaillait dans une manufacture de bas, lavait les autos, devint aide-mécanicien et finit par devenir contremaître dans un atelier.

Il s'était battu pour arriver là, battu pied à pied; il se maria, acheta une maison, s'assura un revenu suffisant pour subvenir aux besoins de sa famille.

Le malheur, alors, s'abattit sur lui : l'atelier fut fermé, et sa maison mise en vente pour couvrir une hypothèque. Il perdit tous ses biens... sauf le plus important : sa volonté de remonter la pente, sa foi dans sa capacité à transformer son infortune en victoire.

Il se mit aussitôt à chercher ce germe d'un bénéfice équivalent qui accompagnait son revers provisoire et le trouva en lisant mon ouvrage : *Réfléchissez et devenez riche*. Quelqu'un lui avait donné un exemplaire de ce livre. Il n'avait pas terminé sa lecture que déjà son attitude mentale commençait à passer du négatif au positif. Sa lecture terminée, il avait déjà un plan en tête pour se remettre en selle; il passa à l'action sur-le-champ.

Lee Braxton avait découvert entre les pages de cet ouvrage la personne la plus importantce qui soit, son autre moi. Ce moi qu'il ne connaissait pas. Ce moi qui peut connaître un revers temporaire, mais l'échec, jamais !

À partir du moment où il découvrit son moi réel, tout ce qu'il toucha se transforma en or. Il mit sur pied la First National Bank de Whiteville et en devint le premier président. Il fonda et construisit le plus bel hôtel de la ville, un édifice dont toute ville aurait eu raison d'être fière. Il créa une société de financement automobile, un service de pièces mécaniques et une agence de vente. Il ouvrit ensuite un magasin d'instruments de musique et s'acheta l'une des plus belles maisons de Whiteville.

Les citoyens de la ville l'élirent maire. La rumeur veut qu'il n'y ait pratiquement pas une seule affaire de Whiteville qui n'ait pas profité de ses activités commerciales et de son influence.

Son vaisseau de la fortune naviguait si bellement qu'il prit la décision d'accumuler la fortune qu'il fallait pour se retirer des affaires à l'âge de cinquante ans. Il avait quarante-quatre ans lorsqu'il réussit : il vendit tous ses intérêts commerciaux et se mit gracieusement au service d'un évangélisateur de renom, en qualité d'imprésario pour la radio et la télévision. En un rien de temps, cette émission religieuse quotidienne fut transmise par des centaines de stations de radio et de télévision sur pratiquement tout le territoire des États-Unis.

Bien qu'il ne tarisse pas d'éloges sur mon ouvrage, il faut être honnête : Lee Braxton possédait toutes les cartes de la réussite avant même d'avoir lu le livre; il en est de même pour vous, comme pour tout lecteur : vous possédez les cartes de toute réussite.

Le livre écarta son esprit de son infortune et lui donna l'occasion de découvrir les richesses cachées de la puissance de son esprit, une puissance qui peut se transmuer en toutes les richesses matérielles que l'on désire. Ce livre l'informa de l'existence de cette force irrésistible qui demeurait en son esprit. Il la reconnut, la saisit et l'orienta vers les fins de son choix.

Il n'en va pas autrement des autres histoires de réussite. Lorsque l'AMP (attitude mentale positive) prend le contrôle, la réussite vous attend au coin de la rue et les échecs ne sont rien de plus que l'occasion de vous stimuler à faire de plus grands efforts. Lee Braxton apprit cette vérité et en fit son profit. Comme il tira parti de sa lecture, il fit en sorte de pouvoir dire en toute sincérité : « Il n'est point de biens au soleil que je ne puisse acquérir, si je les désire. »

Il obtint de la vie ce qu'il voulait, il exerça les activités qu'il préférait et trouva la paix de l'esprit.

Ce n'est pas d'une nouvelle philosophie de la réussite que le monde a besoin !

C'est d'une nouvelle utilisation de ces principes éprouvés par le temps qui nous mènent immanquablement à la découverte de cette puissance intérieure qui « soulève les montagnes ».

Cette puissance dont sont nés, en tout temps, les grands hommes est toujours nôtre. Les grands visionnaires, les hommes de foi, qui repoussèrent les frontières de l'ignorance, de la superstition et de la peur, donnèrent au monde ce que nous connaissons sous le nom de civilisation.

Cette puissance ne se voile pas de mystère, elle n'accomplit pas de miracles : elle se manifeste dans les actes quotidiens des hommes, trouve son écho dans tous les services rendus pour le bien de l'humanité.

Ses noms sont innombrables mais, quel que soit le nom qu'on lui donne, sa nature est immuable.

Sa voie est unique, c'est celle de l'esprit. Elle trouve son expression dans les pensées, les idées et les projets des hommes. D'elle, que peut-on dire de plus beau que : *Libre comme l'air que nous respirons, elle abonde de toutes les richesses de l'univers.*

9

La loi cosmique de la force d'habitude

« L'habitude est un câble ; nous la tissons fil à fil, jour après jour, et finalement ne pouvont plus la rompre. »

Horace Mann

Voilà, nous en arrivons maintenant à l'analyse de la plus grande des lois de la nature : la loi cosmique de la force d'habitude !

Pour s'exprimer brièvement, la loi cosmique de la force d'habitude est la méthode grâce à laquelle la nature fixe toutes les habitudes de manière à ce que, une fois mises en mouvement, elles poursuivent automatiquement leur course. Il en va ici également des habitudes des hommes comme de celles de l'univers.

Tout homme est ce qu'il est à cause de ses habitudes de pensée et d'action. L'objet de notre philosophie est d'aider chaque homme à former le type d'habitudes qui le mèneront d'où il se trouve dans la vie là où il désire se retrouver.

Tous les savants et nombre de profanes savent que la nature maintient un parfait équilibre entre tous les éléments de matière et d'énergie qui constituent l'univers; ils savent que l'univers entier est soumis à un ordre et à des habitudes invariables, un système inexorable auquel l'homme ne peut rien changer; ils savent que les cinq réalités connues de l'univers sont 1) le temps, 2) l'espace, 3) l'énergie, 4) la matière et 5) l'intelligence, qui soumet les réalités précédentes à un système ordonné autour d'*habitudes établies*.

Voilà donc quels sont ces blocs de construction avec lesquels la nature crée le grain de sable comme les plus vastes étoiles brillant dans le cosmos, et toute autre chose connue de l'homme et concevable par son esprit.

Telles sont les réalités connues, mais tout le monde ne prend pas le temps et ne manifeste pas l'intérêt de vérifier le fait que la force d'habitude cosmique est une expression particulière de l'énergie avec laquelle la nature maintient en relation les atomes de matière, les étoiles et les planètes dans leur course continuelle vers un destin obscur, les saisons de l'année, la nuit et le jour, la maladie et la santé, la vie et la mort. La force d'habitude cosmique est la voie par laquelle toutes les habitudes et toutes les relations humaines connaissent divers degrés de permanence et par laquelle la pensée se traduit en son équivalent matériel sous l'effet des désirs et des ambitions des hommes.

Ces vérités sont vérifiables. Quel moment précieux que celui où l'on découvre l'évidence que l'homme n'est qu'un instrument où se projettent des puissances plus fortes que les siennes ! Toute notre philosophie vise à vous guider vers cette importante découverte pour vous permettre de tirer parti de ses enseignements, *en vous mettant en harmonie avec les forces invisibles de l'univers qui vous mènent immanquablement vers la rive heureuse du grand fleuve de la vie*.

À l'heure de cette découverte, le passe-partout vers les richesses sera à votre portée !

La loi cosmique de la force d'habitude est la grande ordonnatrice, organisatrice et opératrice des lois de l'univers; elle assure leur ordre et leur cohérence. Elle représente, par conséquent, la plus grande des lois naturelles.

L'orbite des planètes, le mouvement des étoiles sont si précis que les astronomes peuvent déterminer leurs positions respectives des dizaines d'années à l'avance.

Les saisons de l'année se suivent avec la régularité d'une horloge.

Nous savons que le chêne est issu du gland, que le pin est issu du germe de son ancêtre; que le gland ne se trompe jamais et ne produit jamais un pin, pas plus que la semence du pin ne produit un chêne. Nous savons que rien ne voit jamais le jour qui n'ait ses antécédents, quelque chose de similaire qui l'a précédé, que la nature et le propos de nos pensées déterminent les fruits qu'elles portent, aussi sûrement que le feu produit la fumée.

La force d'habitude cosmique est le facteur qui oblige tout être vivant à s'intégrer aux influences du milieu dans lequel il vit. Il devient ainsi évident que la réussite attire la réussite, que l'échec attire l'échec, vérité connue depuis longtemps des hommes, bien que peu d'entre eux aient compris la raison de cet étrange phénomène.

Il est bien connu qu'un raté peut connaître une réussite éclatante, s'il s'associe étroitement avec des personnes qui agissent et pensent en termes de réussite, mais tout le monde ne sait pas que cela tient à la loi cosmique de la force d'habitude qui communique la « conscience de la réussite » de l'esprit de ceux qui réussissent à celui de ceux qui sont en étroite relation avec eux.

Lorsque deux esprits entrent en contact, il naît de ce contact un troisième esprit modelé sur *le plus vigoureux*. La plupart des hommes qui ont réussi reconnaissent cette vérité et admettent ouvertement que leur réussite commença par leur étroite association avec une personne dont ils s'approprièrent, consciemment ou inconsciemment, la disposition d'esprit positive.

La force d'habitude cosmique est invisible et muette; elle est inaccessible à nos cinq sens. C'est pourquoi elle n'est pas généralement reconnue : la plupart des hommes n'essaient pas de comprendre les forces impondérables de la nature et ne s'intéressent pas aux principes abstraits. Ces abstractions constituent pourtant les puissances réelles de l'univers et sont la base de tout ce qui est tangible, concret, la source du tangible et du concret.

Si vous comprenez le principe de fonctionnement de la force d'habitude cosmique, vous n'aurez aucune difficulté à comprendre l'essai d'Emerson sur la rétribution, car il était inspiré par la loi cosmique de la force d'habitude, lorsqu'il écrivit ces pages célèbres.

Newton, quant à lui, ne fut pas loin de reconnaître pleinement cette loi, lorsqu'il découvrit la loi de la gravité; s'il avait continué à chercher encore un peu, il aurait découvert cette loi qui maintient notre planète dans une juste relation temporelle et spatiale avec toutes les autres; il aurait compris l'attraction qui relie les êtres humains entre eux et celle qui nous relie à nous-même par nos *habitudes de pensée*.

L'expression « force d'habitude » s'explique d'elle-même. Cette force est à l'oeuvre dans nos habitudes les mieux établies. Toutes les créatures inférieures à l'intelligence de l'homme vivent, se reproduisent et remplissent leur mission terrestre par l'effet direct de la puissance de la force d'habitude cosmique que nous appelons « instinct ».

Seul l'homme jouit du privilège de pouvoir choisir ses habitudes et de les modeler sur ses pensées. C'est l'unique privilège sur lequel tout individu peut exercer un droit de contrôle absolu.

L'homme a le choix de s'imposer les limites de la peur, du doute, de l'envie, de la cupidité et de la pauvreté : la force d'habitude cosmique traduira alors ces pensées en leur équivalent matériel. Il peut, au contraire, penser en termes d'abondance, d'opulence, et cette même loi trouvera à ce type de pensée sa contrepartie dans le réel.

Chacun, ainsi, contrôle sa destinée terrestre à un degré étonnant, par le privilège qui lui est donné de façonner ses propres pensées. Du moment où celles-ci se sont trouvé une forme distincte, la loi de la force d'habitude cosmique entre en jeu et les transforme en habitudes permanentes. Elles resteront telles tant qu'elles n'auront pas été supplantées par des pensées différentes et plus vigoureuses.

Nous en venons maintenant à l'une des vérités les plus profondes qui soient : cette vérité qui veut que les hommes qui connurent la réussite la plus éclatante l'aient rarement atteinte avant de vivre une tragédie ou avant d'avoir eu de graves difficultés qui marquèrent profondément leur âme et les réduisirent à cette situation que nous appelons « échec ».

La raison de cet étrange phénomène est aisément perçue par ceux qui comprennent la loi de la force d'habitude cosmique; elle réside dans le fait que ces tragédies, ces désastres de la vie, servent à briser les habitudes les mieux établies de l'homme, ces habitudes qui le menèrent inévitablement à l'échec. En desserrant l'étau de la force d'habitude cosmique, elles lui permettent d'adopter de nouvelles habitudes plus souhaitables.

Les conflits du moi

Les conflits naissent des relations humaines inadaptées. Ces inadaptations sont le produit des pensées négatives qui en sont arrivées à de *formidables proportions*. L'esprit d'une nation est la somme des pensées dominantes de ses citoyens.

Il en va ainsi de chaque individu : son esprit est déterminé par ses pensées dominantes. De toute leur vie, la majorité des gens sont, d'une façon ou d'une autre, en conflit avec eux-mêmes, en conflit avec leurs pensées et leurs émotions, en conflit dans leurs relations familiales, sociales et professionnelles.

Reconnaissez cette vérité et vous comprendrez de quelle puissance, de quels avantages, jouissent ceux qui appliquent dans leur existence la règle d'or. *Cette règle vous évitera des conflits personnels.*

Reconnaissez cette vérité et vous comprendrez également quels sont les avantages, l'utilité réelle, de la détermination d'esprit : une fois fixée dans la conscience par les habitudes de la pensée, la détermination est prise en charge par la force d'habitude cosmique et menée à sa conclusion logique *par tous les moyens pratiques disponibles.*

La force d'habitude cosmique ne nous indique pas ce que nous devons désirer ou si nos habitudes de pensée doivent être négatives ou positives: elle agit sur toutes nos habitudes de pensée, en les cristallisant à des degrés divers de permanence et en les traduisant dans leur équivalent physique par une motivation à agir.

Elle ne fixe pas seulement les habitudes de pensée individuelles, mais aussi celles des groupes et des masses suivant le modèle dominant de leurs pensées particulières.

Cette même règle vaut pour les gens qui pensent à la maladie et en parlent. On voit tout d'abord en eux des hypocondriaques, des malades imaginaires, mais, lorsque l'habitude est enracinée, la maladie ou une maladie apparentée se manifeste. C'est là l'effet de la force d'habitude cosmique ! Il est donc vrai que toute pensée entretenue dans l'esprit par la répétition ne tarde pas à se traduire en son équivalent physique par tous les moyens possibles.

Il est triste de constater que plus des trois quarts des gens qui ont le bonheur de vivre dans une grande nation comme la nôtre, vivent dans la prauvreté et le besoin. Il n'est pas difficile d'en comprendre la raison, si l'on reconnaît le principe moteur de la force d'habitude cosmique.

La pauvreté est l'effet direct d'une conscience orientée vers la pauvreté, occupée par elle, la craignant et parlant d'elle.

Désirez-vous l'opulence ? Dites-le à votre subconscient et vous acquerrez une conscience orientée vers la prospérité. Votre situation matérielle s'améliorera rapidement.

Ce qui vient en premier lieu, c'est la conscience de ce que vous désirez; viennent ensuite les manifestations physique ou mentale de vos désirs. Vous êtes responsable de votre conscience. C'est quelque chose que vous devez créer par vos pensées quotidiennes ou par la méditation si vous préférez couronner ainsi vos désirs. De cette dernière façon, vous vous alliez à une puissance qui n'est rien de moins que celle du Créateur.

Un grand philosophe a dit : « J'en suis venu à la conclusion que, en acceptant la pauvreté ou la mauvaise santé, on ne fait qu'avouer ouvertement son manque de foi. »

Nous proclamons notre foi, mais nos actes démentent nos paroles. La foi est un état d'esprit que seule l'action peut rendre permanent. Croire n'est pas suffisant, car « la foi sans les oeuvres est vaine ».

La loi de la force d'habitude cosmique est une création de la nature. C'est le principe universel qui assure l'ordre et l'harmonie au concert entier de l'univers, du plus infime atome de matière aux plus vastes étoiles du firmament.

Cette puissance est également offerte aux forts et aux faibles, aux riches et aux pauvres, aux malades et aux bien portants. Elle fournit la solution à tous les problèmes des hommes.

Le but essentiel des dix-sept principes de notre philosophie est d'aider chacun à s'adapter à la loi de la force d'habitude cosmique en exerçant sa discipline à la formation de ses habitudes de pensée.

Les dix-sept éléments du passe-partout

Revoyons maintenant ces principes pour mettre en lumière leur relation avec la force d'habitude cosmique. Observons comme ces principes s'harmonisent pour former le passe-partout qui donne la solution à tous les problèmes.

Commençons notre analyse par le premier principe de notre philosophie :

a) *L'habitude de faire le kilomètre extra*. Si ce principe occupe la première place, c'est qu'il permet de conditionner l'esprit à rendre des services utiles. Ce conditionnement annonce le deuxième principe :

b) *La détermination d'esprit*. Grâce à ce principe, on peut prendre précisément l'habitude de faire le kilomètre extra, et nous assurer qu'elle va dans le sens de notre objectif vital et que son effet est cumulatif. À eux seuls, ces deux principes peuvent nous élever très haut sur l'échelle de la réussite, mais ceux qui visent très haut ont besoin d'aide; ils peuvent l'obtenir en appliquant le troisième principe :

c) *Le cerveau collectif*. Ici, l'on commence à connaître un nouveau sentiment de puissance; cette puissance accrue dépasse les différences et les déficiences individuelles et nous fournit, au besoin, une part de *la connaissance de toute l'humanité*, telle qu'elle s'est constituée à travers les âges. Mais ce sentiment de puissance ne sera pas complet tant qu'on n'aura pas acquis l'art de recevoir de l'inspiration par le quatrième principe :

d) *La foi active*. C'est par elle que nous entrons en contact avec les puissances de l'Intelligence Infinie, dont les bienfaits ne sont offerts qu'à ceux qui conditionnent leur esprit à la recevoir. C'est par elle que nous nous assurons la maîtrise de notre esprit, en dominant nos doutes, nos peurs et nos soucis et en percevant l'unité de celui-ci avec cette source de tout pouvoir.

Ces quatre principes méritent le titre des « quatre as », parce qu'ils fournissent plus de puissance qu'il n'en faut au commun des mortels pour lui permettre d'atteindre les sommets de la réussite. Mais ils ne profitent qu'à la petite minorité de ceux qui possèdent les autres qualités essentielles à la réussite, comme celle que nous présente le cinquième principe :

e) *Une personnalité agréable*. Une personnalité agréable nous permet de nous vendre aux autres, de leur communiquer nos idées. Elle est donc capitale pour tous ceux qui souhaitent s'assurer la direction des alliances inspirées par l'harmonie spirituelle. Constatez cependant comme les quatre premiers principes concourent à nous donner une personnalité intéressante.

Ces cinq principes peuvent nous assurer une puissance personnelle stupéfiante, mais ils ne suffisent pas à nous protéger contre l'échec; or, l'homme rencontre l'échec plusieurs fois dans sa vie, d'où l'importance de comprendre et d'appliquer le sixième principe :

f) *L'habitude de tirer une leçon des échecs.* Notez bien que l'énoncé de ce principe commence par le mot « habitude ». Cela signifie que son acceptation et son application doivent être une question d'habitude devant tout échec. On peut trouver dans ce principe une source d'espoir suffisante pour nous inspirer à repartir du bon pied, lorsque nos plans échouent, comme il est fatal que cela se produise à une occasion ou à une autre.

Observez comme la source de votre puissance personnelle augmente avec l'application de ces six principes. Nous découvrons notre direction dans la vie; nous nous sommes acquis l'appui de tous ceux dont les services nous sont nécessaires pour atteindre nos objectifs; nous nous sommes rendus agréables et nous sommes ainsi assuré la collaboration permanente des autres; nous avons acquis l'art de puiser à la source de l'Intelligence Infinie et de manifester sa puissance par une foi active; et enfin, nous avons appris à trouver un appui dans les pierres d'achoppement de l'échec. En dépit de tous ces avantages, la personne dont l'objectif vital s'est fixé vers les sommets de la réussite personnelle aura souvent besoin, au cours de sa carrière, des atouts du septième principe :

g) *Une vision créatrice.* Ce principe nous permet de comparer l'avenir au passé, d'améliorer nos plans pour accomplir nos projets et réaliser nos espoirs grâce aux ressources de l'imagination. C'est ici, pour la première fois peut-être, qu'un homme peut faire la découverte de son sixième sens et puiser dans le réservoir des connaissances indépendantes de celles du savoir organisé et de l'expérience commune. Pour pouvoir mettre ces enseignements en pratique, vous devez adopter et appliquer le huitième principe :

h) *L'initiative personnelle*. Voilà le principe qui nous lance et nous maintient en action dans la poursuite de nos objectifs. Il nous protège contre l'indifférence, la paresse et la tentation de remettre au lendemain. On peut se faire une idée de l'importance de ce principe, en découvrant qu'il est, par rapport aux sept principes précédents, un facteur d'habitude. Il est bien évident, en effet, que l'application d'aucun de ces principes ne peut devenir une *habitude* sans ce principe de l'initiative personnelle. L'importance de ce principe tient également au fait qu'il est le seul à permettre à l'homme d'exercer un contrôle total sur la seule chose sur laquelle le Créateur lui permet un absolu contrôle : *la puissance de ses propres pensées*.

Les pensées ne s'organisent pas et ne s'orientent pas d'elles-mêmes. Il leur faut une direction, une inspiration, une aide qui ne peuvent venir que de son initiative personnelle.

Mais il arrive que l'initiative personnelle s'égare; aussi lui faut-il l'aide du neuvième principe :

i) *Une pensée juste*. Une pensée juste ne nous assure pas seulement contre les errements de l'initiative personnelle, mais aussi contre les erreurs de jugement et les décisions prématurées. Elle nous protège également contre l'influence de nos *émotions irresponsables*, en les modifiant par la puissance de la raison, ce qui s'appelle « avoir de la tête ».

La personne qui assimile ces neuf principes dispose d'une puissance considérable, mais cette puissance peut s'avérer dangereuse si elle n'est pas soumise au dixième principe:

j) *La discipline personnelle.* La discipline ne s'acquiert pas si vite. Il ne suffit pas de la demander. Elle est le fruit d'habitudes acquises avec soin au cours de nombreuses années d'efforts soutenus. Nous voilà maintenant à l'étape où la puissance de la volonté doit être mise en action, *car ce n'est que la volonté qui inspire la discipline.*

D'innombrables hommes accédèrent, grâce aux neuf principes précédents, à la puissance pour ensuite aboutir au désastre ou pour entraîner les autres dans l'échec, à cause de leur absence de discipline dans l'exercice de leur pouvoir.

Ce principe, une fois bien compris et appliqué, nous assure le plein contrôle de notre pire ennemi, nous-même !

La discipline commence par l'application du onzième principe :

k) *Le pouvoir de concentration.* Le pouvoir de concentration est, lui aussi, un fruit de la volonté. Il est si étroitement lié à la discipline personnelle qu'on les appelle « les frères jumeaux » de notre philosophie. Le pouvoir de concentration nous évite de dissiper nos énergies; il nous aide à garder notre esprit fixé sur notre objectif vital jusqu'au moment où notre subconscient entre en jeu et devient prêt à traduire cet objectif dans la réalité, par l'effet de la loi de la force d'habitude cosmique. C'est l'oeil de notre imagination à travers lequel le détail de nos objectifs s'inscrit dans notre subconscient; aussi est-il indispensable.

Arrêtons-nous un instant pour constater comme notre puissance personnelle s'est accrue par l'application de ces onze principes. Mais ils ne répondent pas à toutes les situations de la vie, car il existe des occasions où l'on doit obtenir l'amicale coopération des gens, des acheteurs, des clients, des électeurs... ce qui nous mène au douzième principe :

l) *La coopération*. La coopération diffère du principe du cerveau collectif. C'est un type de relation humaine qui ne s'accompagne pas d'une alliance précise avec les autres, avec fusion complète des esprits en vue d'atteindre un objectif déterminé.

Sans la coopération des autres, on ne peut atteindre les sommets de la réussite. La coopération est le moyen précieux par lequel nous pouvons augmenter l'espace que nous occupons dans l'esprit des autres, leur « bienveillance », autrement dit. La coopération assure au commerçant comme au professionnel la fidélité de leurs clients. Ce principe a donc bel et bien sa place dans notre philosophie de la réussite, quel qu'en soit le domaine.

La coopération s'obtient plus aisément par l'application du treizième principe :

m) *L'enthousiasme*. L'enthousiasme est un état d'esprit contagieux qui nous permet non seulement d'obtenir la coopération des autres, mais aussi de puiser dans les ressources de notre imagination. Il nous fait faire preuve d'esprit d'initiative et nous fait adopter l'habitude de nous concentrer. C'est, de plus, l'une des qualités principales d'une personnalité agréable et il nous facilite l'application du principe qui veut que l'on donne de sa personne. Outre ces avantages, l'enthousiasme donne force et conviction à ce que nous disons.

L'enthousiasme est l'effet d'une *motivation*, mais il est difficile de le maintenir sans l'aide du quatorzième principe :

n) *L'habitude de la santé*. Une bonne santé facilite le fonctionnement de l'esprit; elle est donc essentielle à toute réussite durable, si on donne à ce terme de « réussite » le sens de tout ce qui contribue au bonheur.

Nous soulignons le terme « habitude », car la santé commence par la conscience de la santé, et celle-ci ne peut s'acquérir que si on adopte de bonnes habitudes s'appuyant sur une discipline personnelle.

La santé nourrit l'enthousiasme, et l'enthousiasme stimule la santé; il en va ici comme de la poule et de l'oeuf : impossible de décider lequel est arrivé le premier, mais nous savons qu'ils sont essentiels l'un à l'autre. C'est la même chose pour l'enthousiasme et la santé : tous deux sont essentiels à nos progrès et à notre bonheur.

Faisons ici une pause et considérons la puissance accrue que nous avons pu acquérir par l'application de ces quatorze principes. Elle atteint de telles proportions qu'elle dépasse notre imagination. Il ne suffit pas cependant de se protéger contre l'échec; il faut donc y ajouter le quinzième principe :

o) *Une saine gestion de son temps et de son argent*. Il suffit que nous parlions de gérer notre temps et notre argent dans le but d'en gagner pour que nous nous prenions la tête à deux mains ! Tout le monde ou presque désire jouir librement de son temps et de son argent, mais les gérer pour les épargner, ça jamais ! Et pourtant, la liberté d'esprit et de mouvement, ces deux grandes aspirations de l'humanité, ne peuvent devenir réalité de façon permanente sans la discipline d'un strict budget. Ce principe constitue donc une pierre de touche de la philosophie de la réussite personnelle.

Nous atteignons maintenant le sommet de la réussite personnelle. Nous connaissons les sources de la puissance, nous savons comment nous pouvons les exploiter et les appliquer à volonté à toutes nos entreprises; cette puissance est si grande que rien ne lui résiste, à moins que quelqu'un fasse la folie de l'appliquer à sa propre destruction et à celle des autres. Aussi, pour bien employer cette puissance, faut-il ajouter le seizième principe :

p) *La pratique de la règle d'or.* Notez le terme « pratique ». Il ne suffit pas de croire en la valeur de la règle d'or. Pour en tirer un profit durable, pour qu'elle nous soit un guide sûr dans l'application de notre puissance personnelle, nous devons en faire une pratique quotidienne dans nos relations avec les autres.

Voici qui est exigeant ! Mais les avantages à retirer de la mise en pratique de cette sage règle de conduite dans nos relations avec les autres justifient que nous en prenions l'habitude. Si nous n'en faisons pas notre règle de vie, les problèmes qui se présentent sont trop nombreux pour que nous les énumérions en détail.

Nous voilà maintenant rendus au sommet de la puissance personnelle, nous voilà assurés contre son mauvais emploi. Ce qu'il nous faut maintenant, c'est le moyen qui peut faire durer cette puissance pendant toute notre vie. Nous allons donc couronner notre philosophie du seul principe connu pour l'atteindre; c'est le dix-septième et dernier principe de notre philosophie :

q) *La force d'habitude cosmique*. La force d'habitude cosmique est le principe qui permet à toutes les habitudes de se fixer, de devenir permanentes à divers degrés. Comme nous l'avons dit, c'est la clef de voûte de toute notre philosophie; les seize principes précédents s'y amalgament. C'est le principe moteur de toutes les lois de l'univers. C'est le principe qui assure *la fixation des habitudes* acquises par l'application des autres principes. Elle conditionne l'esprit à développer et à exprimer la conscience de la prospérité, si essentielle pour en arriver à la réussite personnelle.

La seule compréhension des seize principes précédents ne suffit pas pour atteindre la puissance personnelle. Ces principes doivent être appliqués, devenir des habitudes, car l'habitude est l'unique produit de la force d'habitude cosmique.

La force d'habitude cosmique est comme le grand fleuve de la vie, auquel nous avons fait plusieurs fois allusion, car elle est, comme toute énergie, potentiellement négative ou positive.

Son application négative s'appelle « rythme hypnotique », car elle a un effet hypnotique sur tout ce qu'elle touche. Nous pouvons, d'une manière ou d'une autre, voir ses effets sur chaque être humain.

C'est le seul moyen par lequel la conscience de la pauvreté se fixe en *une habitude* !

Elle est à l'origine de toutes ces *habitudes établies* : la peur, l'envie, la cupidité, l'esprit de vengeance et le désir d'obtenir quelque chose pour rien.

Elle crée *l'habitude* du désespoir et de l'indifférence. Elle crée *l'habitude* de l'hypocondrie, ces maladies imaginaires dont des millions de gens souffrent leur vie durant.

Elle crée aussi la conscience de l'échec qui mine la confiance de millions de gens.

Bref, elle fixe *toutes les habitudes négatives*, quels que soient leur nature ou leurs effets. C'est la rive malheureuse du grand fleuve de la vie.

La rive heureuse du fleuve, son côté positif, fixe toutes les habitudes constructives : l'habitude de la détermination, l'habitude de donner de sa personne, l'habitude d'appliquer la règle d'or dans les relations humaines, et toutes les autres habitudes qu'il faut adopter pour jouir des bienfaits des seize autres principes de notre philosophie.

La pratique des habitudes

Considérons ce mot : habitude ! Le dictionnaire donne plusieurs définitions de ce mot, entre autres :

L'habitude implique une disposition ou tendance *établies par la répétition*; la coutume implique le fait de la répétition plutôt que sa tendance; l'usage (s'appliquant à un grand nombre de gens) y ajoute l'implication d'une acceptation ancienne; la coutume et l'usage impliquent souvent l'autorité; ainsi, nous faisons beaucoup de choses mécaniquement, par la force de l'habitude.

La définition du dictionnaire entre dans bien d'autres détails, mais elle néglige de décrire la loi qui fixe toutes les habitudes; cette omission vient sans doute du fait que la loi de la force d'habitude cosmique était inconnue des rédacteurs de ce dictionnaire. Mais nous y remarquons un mot très significatif, le mot répétition. Il est important, parce qu'il décrit comment on acquiert une habitude.

L'habitude de la détermination, par exemple, ne devient telle que par la répétition de la pensée d'un objectif, pensée introduite dans l'esprit à force de répétitions, introduite dans l'imagination à force de répétitions avec un désir ardent d'accomplissement, jusqu'au moment où l'imagination formule un plan pratique pour la réalisation de ce désir par l'application, également, de l'habitude de la foi en relation avec notre désir, de façon répétée et si intense qu'on se voit déjà en possession de l'objet de son désir, *avant même de commencer à s'en approcher*.

L'adoption par la volonté d'habitudes positives exige qu'on mette en oeuvre la discipline, la persévérance, la volonté et la foi, toutes qualités accessibles à la personne qui a déjà assimilé les seize principes précédents de notre philosophie.

L'adoption volontaire des habitudes représente l'application la plus belle et la plus noble de la discipline personnelle !

Toutes les habitudes positives volontaires sont l'effet d'une volonté orientée vers la réalisation d'objectifs déterminés. *Elles trouvent leur origine dans l'individu*, et non dans la force d'habitude cosmique. Elles doivent être inculquées à l'esprit par la répétition des pensées et des actions, jusqu'à ce qu'elles soient prises en charge et fixées par la force d'habitude cosmique, et c'est alors qu'elles deviennent automatiques.

Le terme d'habitude est important pour notre philosophie, car il représente la cause réelle de la situation matérielle, sociale, professionnelle et spirituelle de tout homme. Nous sommes ce que nous sommes par l'effet de nos habitudes les mieux établies et nous ne pouvons devenir ce que nous désirons être que par l'adoption d'*habitudes volontaires*.

Ainsi voyons-nous que toute philosophie s'ouvre fatalement sur la compréhension et la mise en oeuvre de la loi de la force d'habitude cosmique, cette puissance qui fixe toutes nos habitudes !

Le principal objet des seize principes précédents est de nous aider à adopter un type particulier, spécialisé, d'habitudes, celui qui nous est nécessaire pour nous permettre de nous assurer *la maîtrise de notre esprit* ! Voilà ce dont nous devons également prendre l'habitude !

La puissance de l'esprit s'engage activement sur une rive ou sur l'autre du fleuve de la vie. L'objet de notre philosophie est de nous permettre d'adopter des habitudes de pensée et d'action qui maintiennent notre esprit fixé sur la rive heureuse de ce fleuve. Voilà la seule contrainte de notre philosophie.

Sa maîtrise et son assimilation ont, comme toute chose désirable, un prix spécifique dont il faut s'acquitter avant de pouvoir jouir de ses bienfaits. Ce prix est, entre autres, celui d'une éternelle vigilance, celui de la détermination, de la persévérance, de la volonté d'obtenir de la vie ce qu'on en attend au lieu de se contenter de la pauvreté et des déceptions.

Il existe deux façons de vivre la vie. La première est de se laisser, tel un cheval, guider par la vie. La seconde est de la monter comme un cavalier. Le choix de devenir le cheval ou le cavalier est entre nos mains. Une chose est certaine : à ne pas choisir de chevaucher la vie, on se condamne à en devenir le cheval. La vie nous chevauche ou nous la chevauchons. Jamais elle ne s'arrête.

Le moi de la force d'habitude cosmique

Comme vous étudiez notre philosophie, vous vous intéressez à la méthode qui nous permet de transmuer la puissance de la pensée en son équivalent physique. Vous voulez aussi apprendre comment créer un esprit d'harmonie dans vos relations avec les autres.

Il est regrettable que nos institutions d'enseignement secondaire restent muettes sur ces deux points importants. Comme l'a dit le docteur Link, « Notre système d'enseignement s'est exclusivement intéressé à la formation intellectuelle; il a négligé de comprendre comment on acquiert ou on corrige les habitudes personnelles et les émotions. »

Son accusation repose sur des bases solides. Si, comme le regretté docteur Link, notre système public n'a pas honoré ses obligations, c'est que la loi de la force d'habitude cosmique est une découverte toute récente, que ne reconnaissent pas encore la vaste majorité des éducateurs.

Personne n'ignore que tout ce que nous faisons, ou presque, du moment où nous faisons nos premiers pas, est le résultat de l'habitude. Le fait de parler ou de marcher est une habitude. Nos façons de boire ou de manger sont des habitudes. Notre comportement sexuel est le fruit de l'habitude. Il n'en va pas autrement des relations que nous établissons avec autrui, qu'elles soient positives ou négatives. Et pourtant, rares sont ceux qui comprennent pourquoi et comment nous formons nos habitudes.

L'habitude est inséparable du moi. Passons donc à l'analyse de ce sujet si mal compris du moi. Notons, en guise d'entrée en matière, que c'est par l'intermédiaire du moi qu'agissent la foi et tous les autres états d'esprit.

Nous insistons vigoureusement sur la distinction entre foi active et foi passive. C'est par le moi que s'exprime toute action. Il nous faut donc savoir quelque chose de sa nature et de ses possibilités pour en tirer le meilleur parti. Il nous faut apprendre comment l'aiguillonner, comment le contrôler, comment le guider vers la réalisation d'objectifs déterminés.

Nous devons par-dessus tout, faire justice de l'erreur répandue qui veut que le moi ne soit que le champ d'expression de la vanité. En latin, moi se dit « ego », ce qui signifie « je ». C'est l'expression d'une force que l'on peut organiser pour qu'elle serve à la transmutation de tout désir en foi, par l'effet de l'action.

La puissance mal connue du moi

Le moi se rapporte à tous les facteurs de notre personnalité !

Il est donc évident que le moi peut se cultiver, se guider, se contrôler par le jeu des habitudes volontaires que nous avons délibérément adoptées.

Un grand philosophe qui consacra sa vie entière à l'étude du corps et de l'esprit humain nous fournit cette base pratique pour l'étude du moi :

« Votre corps, qu'il soit vivant ou mort, est le champ de millions de petites énergies qui ne peuvent mourir.

« Ces énergies sont distinctes, individuelles; il leur arrive d'agir avec un certain degré d'harmonie.

« Le corps est une mécanique vivante et dynamique qui, si elle est capable de contrôler ses forces intérieures, ne s'y accoutume que par l'effet de l'habitude, de la volonté, de l'exercice ou de stimulations particulières (les émotions), qui peuvent mobiliser ces forces vers la réalisation d'un objectif important.

« Nos expériences nous prouvent que cette puissance de mobilisation peut être, pour chacun de nous, cultivée à un haut degré.

« L'air, la lumière, l'eau et la nourriture sont les agents d'une force qui nous vient du ciel et de la terre. Vous vous laissez négligemment porter par la marée des circonstances et vous laissez passer les occasions de vous améliorer qui sont à votre portée.

« L'humanité est entravée par tant d'influences qu'aucun effort ne fut fait, depuis la nuit des temps, pour contrôler le libre jeu des forces à l'oeuvre dans le monde. On trouve plus facile de laisser les choses aller leur chemin plutôt que d'appliquer sa volonté à les orienter.

« La réussite se distingue de l'échec là où cesse la dérive au gré des flots. (Là où commence la détermination d'esprit.)

« Nous sommes tous des êtres d'émotion et de passion, soumis aux circonstances et aux accidents. Ce que deviennent notre corps, notre coeur, notre esprit dépend des courants de la vie, même lorsque nous leur accordons une attention spéciale.

« Si vous vous donnez la peine de vous asseoir et de réfléchir un instant, *vous découvrirez à votre grande surprise que vous avez dérivé pendant une bonne partie de votre vie*.

« Considérez toute créature, voyez les efforts qu'elle fait pour s'exprimer. L'arbre lance ses branches vers la lumière, s'efforce de respirer grâce à ses feuilles; il pousse ses racines dans le sol pour y trouver l'eau et les minéraux dont il a besoin pour se nourrir. Vous appelez ça la vie inanimée, mais c'est une force qui a sa source et son objet quelque part.

« Il n'est point de lieu sur notre planète où l'énergie soit absente.

« L'atmosphère en est si chargée que, dans l'univers glacé du nord, luisent les aurores boréales; partout où le froid cède à la chaleur, l'homme peut s'alarmer des conditions électriques. L'eau est un composé liquide de gaz; elle est chargée d'énergies électrique, mécanique et chimique, dont chacune peut rendre de grands services à l'homme ou devenir destructrice.

« La glace même possède une énergie; elle n'est pas inerte, ni immobile; sa force brise le roc des montagnes. Toutes ces énergies, nous les buvons, les mangeons et les respirons. Il n'est pas une molécule chimique qui en soit libre, pas un atome qui puisse exister sans elles. Nous sommes un champ d'énergies particulières. »

L'homme se compose de deux forces : une force matérielle sous la forme de son corps physique, avec ses milliards de cellules, dont chacune est douée d'intelligence et d'énergie; et une autre, immatérielle, sous la forme du moi, l'organisateur de notre corps, qui contrôle nos pensées et nos actions.

La science nous enseigne que la partie matérielle d'un homme qui pèse soixante-quinze kilogrammes se compose d'environ dix-sept éléments chimiques, tous connus. Les voici :

- 43 kg d'oxygène
- 17 kg de carbone
- 8 kg d'hydrogène
- 1,5 kg d'azote
- 2 kg de calcium
- 170 g de chlore

- 115 g de soufre
- 100 g de potassium
- 85 g de sodium
- 8 g de fer
- 70 g de fluor
- 55 g de magnésium
- 42 g de silicium
- des traces d'arsenic, d'iode et d'aluminium.

Ces constituants matériels de l'homme ne valent, dans le commerce, que quelques sous et peuvent s'acheter dans tout établissement moderne.

Ajoutez à ces éléments chimiques un moi bien développé, organisé et contrôlé et ils ont la valeur que leur propriétaire leur attribue. Le moi est une puissance qui ne peut s'acheter, mais il peut se développer et se modeler comme on le désire. Ce développement se fait grâce aux habitudes organisées, rendues permanentes par la loi de la force d'habitude cosmique qui mène à bonne fin les types de pensée entretenus par la pensée contrôlée.

L'une des différences principales qui distinguent les hommes qui concourent au bien de l'humanité de ceux qui se contentent d'être tout simplement là, tient à leur moi, parce que le moi est la force qui détermine toutes les formes d'action humaine.

La liberté du corps et de l'esprit, nos deux grands désirs, nous sont offerts en proportion exacte du développement et de l'usage que nous faisons de notre moi. Toute personne qui est bien en contact avec son moi jouit de la liberté autant qu'elle le désire.

Notre moi détermine la manière dont nous établissons des relations avec autrui. Il détermine, ce qui est encore plus important, le type de relations que nous établissons entre notre corps et notre esprit, ce qui donne leur forme à nos espoirs, nos projets et nos objectifs : la forme même de notre destin.

Notre moi est notre plus bel atout ou notre pire handicap, selon les relations que nous entretenons avec lui. Notre moi constitue la somme de toutes ces habitudes de pensée qui sont devenues nôtres par l'opération de la loi de la force d'habitude cosmique.

Toute personne qui réussit possède un ego très évolué et hautement discipliné; mais il existe un troisième facteur qui détermine son aptitude au bien ou au mal, et c'est la maîtrise de soi essentielle à la transmutation du pouvoir de l'ego à quelque fin que ce soit.

La formation du moi

Le point de départ de tout accomplissement personnel est en quelque sorte un plan par lequel notre moi peut s'inspirer d'une conscience de la réussite. La personne qui réussit, le fait en développant son moi, en lui communiquant l'objet de ses désirs et en le libérant de toute limite, des peurs et des doutes qui dissipent sa puissance.

L'autosuggestion, ou encore l'autohypnose, est le moyen par lequel on peut régler son moi sur toute fréquence vibratoire souhaitée et lui confier la réalisation de ses désirs.

Si vous ne saisissez pas, dans toute sa signification, le principe de l'autosuggestion, la partie la plus importante de la présente analyse vous échappera, parce que la puissance du moi s'acquiert entièrement au moyen de l'autosuggestion.

Lorsque l'autosuggestion devient une foi, le moi acquiert une puissance illimitée.

Le moi reste vivant et actif, il reçoit sa puissance par une alimentation constante. Le moi, à l'égal du corps, ne peut vivre sans nourriture.

Il doit se nourrir de détermination de l'esprit.

Il doit se nourrir d'initiative personnelle.

Il doit se nourrir d'une action persistante grâce à des plans bien organisés.

Il doit s'appuyer sur l'enthousiasme.

Il doit se nourrir d'attention contrôlée et orientée vers une fin déterminée.

Il doit être contrôlé et orienté par la discipline.

Il doit s'appuyer sur une pensée juste.

Aucun homme ne peut devenir maître de quoi que ce soit ou de qui que ce soit, s'il ne maîtrise pas son propre moi.

Aucun homme ne peut exprimer l'opulence, si la majeure partie de sa puissance mentale est occupée à maintenir une conscience de la pauvreté. Il ne faut cependant pas perdre de vue le fait que beaucoup d'hommes riches commencèrent dans la pauvreté, ce qui signifie que cette peur, comme bien d'autres, peut être vaincue et éliminée.

En ce seul mot, moi, se retrouvent tous les principes de la réussite personnelle, coordonnés en une seule unité de puissance, qui peut s'orienter vers toute fin au gré de la personne qui est arrivée à une complète maîtrise de son moi.

Nous vous préparons à accepter le fait que la plus grande puissance dont vous disposiez, cette puissance qui décide de votre réussite ou de votre échec, est celle représentée par votre moi.

Nous vous préparons à vous libérer de cette vieille croyance qui associe le moi avec l'égoïsme, la vanité et la vulgarité, et à accepter cette vérité que le moi est tout ce que possède un homme, à l'exception des quelques sous de produits chimiques dont se compose son corps.

La sexualité est la grande force créatrice de l'homme. Elle constitue une part importante du moi. La sexualité comme le moi doivent leur mauvaise réputation au fait qu'ils peuvent être destructifs aussi bien que constructifs dans leurs applications et que, depuis les origines de l'humanité, les ignorants en ont abusé.

L'égoïste, dont le moi est agressif, est celui qui ne sait pas comment entrer en relation avec son moi d'une façon constructive.

Les applications constructives du moi se font par l'expression de l'espoir, du désir, des ambitions, des projets et des plans, et non par les fanfaronnades et l'égoïsme. La devise de la personne qui contrôle son moi est : « Assez de mots, passons aux actes. »

Le désir de la grandeur, le désir d'être reconnu, d'exercer un pouvoir personnel est un désir sain; affirmer ouvertement sa grandeur indique qu'on n'a pas su se rendre maître de son moi, mais que c'est ce dernier qui nous domine; vous pouvez être certain qu'une telle personne ne fait ainsi qu'élever un rideau de fumée pour dissimuler quelque peur ou un complexe d'infériorité.

Le moi et l'attitude mentale

Comprenez la vraie nature de votre moi et vous aurez compris la vraie signification du principe du cerveau collectif. Vous comprendrez, de plus, que pour vous rendre les meilleurs services, les membres de votre alliance doivent éprouver une entière sympathie pour vos espoirs, vos buts et vos projets; qu'ils ne doivent, en aucune façon, être en concurrence avec vous. Ils doivent accepter de subordonner totalement leur personnalité et leurs désirs à la réalisation de votre objectif vital.

Ils doivent avoir confiance en vous, en votre intégrité, et ils doivent vous respecter. Ils doivent être disposés à alimenter vos vertus et à fermer les yeux sur vos défauts. Ils doivent accepter que vous soyez vous-même et que vous viviez votre vie en toutes circonstances. Ils doivent, enfin, recevoir de vous des avantages proportionnels à ceux qu'ils vous assurent.

Si vous ne respectez pas cette dernière exigence, la puissance de votre alliance prendra fin.

Les hommes s'associent entre eux pour une ou pour plusieurs raisons. On ne connaît pas d'association permanente qui soit basée sur une raison vague, imprécise, ou qui ne soit basée sur rien du tout. L'oubli de cette vérité coûta à bien des hommes leur opulence.

La puissance qui s'empare du moi et lui assure la contrepartie matérielle des pensées qui l'ont façonnée, c'est la loi de la force d'habitude cosmique. Cette loi n'assure ni qualité ni quantité au moi; elle prend tout simplement ce qu'elle trouve et le traduit en son équivalent physique.

Les grands hommes sont, et ceci est vrai depuis toujours, ceux qui, délibérément, alimentent, façonnent et contrôlent leur moi, ne laissant rien au hasard ni à la chance ou encore aux vicissitudes de la vie.

Toute personne peut contrôler la forme de son moi, mais, dès lors, il en va comme du paysan qui a planté une semence, son sort n'est plus entre ses mains. La loi inexorable de la force d'habitude cosmique fait que toute chose vivante se perpétue suivant son espèce et elle traduit la peinture qu'un homme se fait de son moi en son équivalent physique, aussi sûrement qu'elle fait d'un gland un chêne; aucune aide n'est ici requise, sinon celle du temps.

Ces affirmations vous montrent non seulement que nous sommes en faveur du développement délibéré du moi et de son contôle, mais que nous vous mettons explicitement en garde qu'aucun homme ne peut espérer réussir, s'il ne contrôle pas son moi.

Afin que vous compreniez bien ce que nous entendons par un « moi convenablement amélioré », nous allons décrire brièvement les facteurs qui contribuent à son développement :

1) On doit s'allier à une ou à plusieurs personnes qui coordonnent leur esprit en vue d'atteindre un objec-

tif précis dans un esprit de parfaite harmonie; cette alliance doit être active et permanente.

L'alliance, de plus, doit compter des gens ayant des qualités intellectuelles et spirituelles, et dont l'éducation, le sexe et l'âge concourront à réaliser l'objectif du groupe.

L'alliance d'Andrew Carnegie était composée de plus de vingt hommes; chacun d'entre eux apportait quelque chose de particulier, soit une qualité d'esprit, de l'expérience, une formation ou des connaissances qui étaient directement utiles à l'objectif de l'alliance.

2) Une fois placé sous l'influence des collaborateurs souhaités, on doit adopter un plan précis pour réaliser l'objectif de l'alliance et l'appliquer. Le plan peut être le fruit de l'union des efforts de tous les membres de l'alliance.

Si un plan s'avère imparfait ou inadéquat, il doit être complété ou modifié par les autres, jusqu'à ce qu'il puisse convenir. Mais aucun changement ne doit être apporté à l'objectif du groupe.

3) On doit s'écarter de toute personne ou des situations qui ont, même légèrement, tendance à nous faire nous sentir inférieur ou incapable de réaliser notre objectif. Les moi positifs ne s'épanouissent pas dans des milieux négatifs. Sur ce point, il n'y a pas de compromis possible, pas d'excuse; en oubliant cela, vous risquez de porter un coup fatal à vos chances de succès.

Un trait net doit être tiré entre nous et ceux qui exercent sur nous une influence négative; fermez votre porte à ces personnes, quelles qu'aient pu être vos relations précédentes avec elles, amitiés, obligations ou liens du sang.

4) On doit fermer sa porte à tout souvenir qui tend à nous faire nous sentir inférieur ou malheureux. Les moi puissants ne peuvent s'épanouir sur la rumination d'expériences passées désagréables. Les moi énergiques se nourrissent des désirs et des espoirs des objectifs à atteindre.

Les pensées sont les cubes de construction du moi. La force d'habitude cosmique est le ciment qui fait adhérer ces cubes de manière permanente grâce aux habitudes établies. Une fois le travail achevé, le résultat représente, jusqu'au moindre détail, la nature des pensées qui sont entrées dans sa construction.

5) On doit s'entourer de tous les moyens physiques susceptibles d'inculquer à son esprit la nature et l'objectif du moi que l'on développe. Un écrivain, par exemple, devrait travailler dans une pièce décorée de photos et de travaux des auteurs qu'il admire le plus. Il devrait remplir les rayons de sa bibliothèque d'ouvrages se rapportant à son domaine. Il devrait s'entourer de tous les moyens possibles qui font valoir à son moi l'image exacte de ce qu'il veut être; cette image est, en effet, le modèle qu'adoptera la loi de la force d'habitude cosmique; cette image sera son équivalent physique.

6) Un moi convenablement développé est toujours sous notre contrôle. Le moi ne doit pas s'enfler de manie égocentrique, ou il s'avère alors destructeur pour beaucoup de gens.

L'égomanie se manifeste par un désir délirant de s'assurer le contrôle des autres par la force. Hitler, Mussolini et le kaiser en sont d'excellentes illustrations.

Dans le développement du moi, notre devise pourrait être : « Ni trop, ni trop peu. » Lorsque les hommes commencent à éprouver le désir de contrôler les autres ou d'accumuler de grandes sommes d'argent dont ils ne font pas un usage constructif, ils s'aventurent sur un terrain dangereux. Une puissance de cette nature s'accroît d'elle-même et on en perd bien vite le contrôle.

La nature fournit à l'homme une soupape de sécurité qui lui permet de réduire le moi et d'alléger sa pression sur les autres, lorsque quelqu'un dépasse les limites dans le développement de son moi. Emerson l'appelle la loi de compensation; quoi qu'il en soit, elle agit avec une précision inexorable.

Napoléon Bonaparte commença à mourir, à cause de l'éclatement de son moi, le jour où il mit le pied sur le rivage de Sainte-Hélène.

Les gens qui abandonnent leur travail et se retirent de toute forme d'activité, après avoir mené une vie active, s'atrophient généralement et ne tardent pas à mourir. S'ils continuent de vivre, ils sont le plus souvent malheureux. Un moi sain est un moi qui agit toujours et qui est toujours sous contrôle.

Le moi est toujours en transformation, pour le meilleur ou pour le pire, à cause de la nature de nos habitudes de pensée. Les deux facteurs qui amènent ces changements sont le temps et la loi de la force d'habitude cosmique.

Le temps de la croissance

Je désire maintenant vous faire remarquer l'importance du facteur temps dans les opérations de la force d'habitude cosmique. Tout comme les semences exigent un certain temps pour germer et croître, les idées, les impulsions de la pensée, les désirs qui sont plantés dans l'esprit exigent un certain temps pour que la loi de la force d'habitude cosmique leur donne vie et mouvement.

Il n'existe pas de moyen adéquat pour déterminer la période exacte de temps qui est requise pour transformer un désir en son équivalent physique. La nature du désir, les circonstances, son intensité sont tous des facteurs déterminants, en ce qui concerne le temps qu'il faut pour passer de l'étape mentale à l'étape physique.

La foi, cette disposition d'esprit, est si favorable au passage rapide du désir à son équivalent physique que ce passage est presque instantané.

L'homme mûrit physiquement en une vingtaine d'années, mais, mentalement, en ce qui concerne le moi, il met de trente-cinq à soixante ans. Cela explique pourquoi les hommes n'accumulent pas beaucoup de richessses matérielles ou n'obtiennent pas des succès brillants avant l'âge de cinquante ans.

Le moi qui incite un homme à acquérir de grandes richesses matérielles et à les conserver est nécessairement soumis à une discipline; elle lui permet d'acquérir la confiance, l'esprit d'initiative, la détermination, l'imagination, la justesse de jugement et toutes les autres qualités sans lesquelles aucun moi ne peut acquérir ni conserver ces grandes richesses.

Ces qualités s'acquièrent par un *emploi* convenable du temps. Notez que nous ne disons pas qu'elles s'acquièrent avec le passage du temps. Par l'effet de la force d'habitude cosmique, toutes les habitudes de pensée d'un individu, positives ou négatives, orientées vers la richesse ou la pauvreté, s'intègrent à son moi et reçoivent une forme permanente qui détermine la nature et l'importance de sa condition physique et spirituelle.

Le moi et la réussite

Au début de la crise économique de 1929, la propriétaire d'un petit salon de beauté prêta son arrière-salle à un homme d'un certain âge qui avait besoin d'un endroit pour dormir. Ce monsieur n'avait pas d'argent, mais il possédait de vastes connaissances sur la chimie des produits de beauté.

La propriétaire lui suggéra de le payer en préparant les cosmétiques qu'elle vendait.

Ils ne tardèrent pas à conclure une alliance inspirée par le principe du cerveau collectif. Cela devait leur assurer l'indépendance financière : ils s'associèrent pour fabriquer des cosmétiques qui allaient être vendus de porte en porte; la femme fournissait l'argent, l'homme faisait le travail.

Au bout de quelques années, cet arrangement s'avéra si avantageux qu'ils décidèrent de le rendre permanent en se mariant, alors même que leur différence d'âge était de plus de vingt-cinq ans.

Cet homme avait passé la plus grande partie de sa vie dans le domaine des cosmétiques, mais n'avait jamais connu la réussite. Quant à la propriétaire, c'est à peine si elle arrivait à gagner sa vie avec son salon de beauté. Cette heureuse union leur assura un pouvoir qu'ils n'avaient jamais connu avant leur alliance et ils commencèrent à réussir financièrement.

Au début de la Grande Dépression, ils préparaient leurs produits de beauté dans un petite pièce et vendaient eux-mêmes ces produits de porte en porte. Huit ans plus tard, à la fin de la crise, ils les fabriquaient dans une grande usine qu'ils avaient achetée; ils avaient plus de cent ouvriers réguliers et employaient plus de quatre mille vendeurs à travers tout le pays.

Ils avaient accumulé, au cours de cette période, une fortune de plus de deux millions de dollars, et ceci en dépit d'une situation économique où des articles de luxe comme les cosmétiques étaient bien évidemment difficiles à vendre.

Ils se mirent ainsi à l'abri du besoin pour le restant de leurs jours. De surcroît, ils s'assurèrent l'indépendance financière très précisément grâce aux connaissances et aux moyens qu'ils possédaient avant leur alliance, à l'époque où ils étaient pauvres.

Nous voudrions vous confier leur nom, mais les circonstances de leur alliance et la nature de l'analyse que nous allons faire ne le permettent pas. Nous avons, néanmoins, la liberté de décrire ce que nous estimons être la source de leur réussite exceptionnelle, en considérant tous les aspects de leur relation du point de vue d'un observateur neutre qui ne cherche qu'à donner un juste tableau des faits.

La motivation qui les incita à s'allier était, sans conteste, de nature financière. La femme avait été précédemment mariée à un homme qui ne s'était pas soucié de subvenir aux besoins du ménage et qui l'avait abandonnée quand leur enfant n'était encore qu'un bébé. Quant à l'homme, il avait été, lui aussi, marié.

Rien n'indiquait que leur mariage fut inspiré par l'amour. Leur motif était purement et simplement un désir mutuel d'indépendance financière.

Leur affaire et la maison raffinée qu'ils habitent sont entièrement dominées par le vieillard, qui est convaincu d'en être l'unique responsable.

Ils possèdent des meubles de prix; personne ne peut s'asseoir au piano ni dans aucun des fauteuils du salon sans l'invitation expresse du seigneur et maître de la maison.

La grande salle à manger, aux meubles recherchés, est occupée en son centre par une longue table, celle des grandes occasions. En dehors de celles-ci, la famille n'y a pas accès et se voit réduite à la petite salle à manger où rien ne peut être servi, sinon avec l'assentiment du maître de céans.

Un jardinier s'occupe du jardin; personne ne peut y cueillir une fleur sans y être invité par le maître de maison.

Toutes les conversations sont dirigées exclusivement par lui; personne ne peut intervenir, pas même pour poser une question ou faire une remarque, à moins d'y être invité. Sa femme ne parle jamais, sauf s'il lui demande expressément de le faire; elle s'exprime alors brièvement et en termes très mesurés pour éviter d'irriter le maître.

Leur société est enregistrée; il en est le président. Son bureau est luxueux, fauteuils profonds, énorme pupitre sculpté à la main.

En face de lui, son portrait, en pied, est accroché au mur : il le contemple, parfois pendant plus d'une heure, avec une intense satisfaction.

Lorsqu'il parle de son affaire, et surtout du rare succès qu'elle connut pendant la pire dépression économique que nous ayons vécue, il se tresse toutes les couronnes, mais passe sous silence le rôle que sa femme y joua.

Sa femme, bien qu'elle aille à l'usine tous les jours, n'y a pas de bureau. Elle se promène parmi les ouvrières le plus souvent; on peut la trouver en train d'aider une jeune fille à envelopper les paquets aussi simplement que si elle était elle-même une simple employée.

Le nom du patron est inscrit sur chaque paquet qui sort de l'usine. Il apparaît en grandes lettres sur tous leurs camions de livraison; il se détache en lettres majuscules sur tous les prospectus, dans toutes les réclames. Le nom de sa femme lui, brille par son absence.

Cet homme croit que cette affaire fut bâtie par lui seul et qu'elle ne pourrait pas fonctionner sans lui. La vérité est diamétralement opposée. Son moi aida, certes, à bâtir l'affaire et à la diriger, mais elle pourrait aussi bien fonctionner sans lui, et même mieux, pour la simple raison que c'est *sa femme qui l'a aidé à bâtir son moi*, et qu'elle aurait pu faire la même chose, dans les mêmes circonstances, pour tout autre homme.

À force de patience et d'habileté, cette femme fondit délibérément sa personnalité dans celle de son mari; elle alimenta méthodiquement son moi du type de nourriture nécessaire pour le libérer de toute trace du complexe d'infériorité qu'il devait à une vie vécue sous le signe du besoin et de l'échec. Elle l'hyphotisa en sorte, pour lui faire croire qu'il était un grand homme d'affaires.

Le moi que cet homme avait pu posséder avant de jouir de l'influence de cette femme intelligente était mort d'inanition. Elle le berça, le cajola, le nourrit, le développa en une puissance fantastique, en dépit de la nature excentrique de ce mari et de son manque total de sens des affaires.

La vérité, c'est que tout, absolument tout, dans cette entreprise était le résultat des idées de sa femme, idées qu'elle avait si habilement semées dans l'esprit de son mari qu'il en avait oublié la source. En réalité, c'était elle, le cerveau de l'affaire; quant à lui, son rôle était purement décoratif; *mais leur union était imbattable*, comme le prouvait leur exceptionnelle réussite commerciale.

La façon dont cette femme s'effaça complètement derrière son mari fournit une ample preuve du contrôle qu'elle exerce sur elle-même; plus encore, cela prouve sa sagesse, car elle savait sans doute qu'elle n'aurait pas pu accomplir les mêmes réalisations seule ou d'une autre façon que celle qu'elle avait choisie.

Cette femme n'a guère d'instruction. Nous ignorons quand et comment elle acquit cette connaissance de l'esprit humain qui l'inspira à fondre sa personnalité dans celle de son mari pour développer en lui le moi qu'il possède aujourd'hui. Cela tient peut-être à son intuition féminine. Quoi qu'il en soit, elle y réussit brillamment. Elle recherchait la sécurité financière et elle l'obtint.

La culture du moi

Nous avons donc ici la preuve que la différence entre la pauvreté et la richesse tient essentiellement dans la différence entre un moi affligé d'un complexe d'infériorité et celui qu'un sentiment de supériorité inspire. Ce vieillard aurait pu mourir dans la rue si cette femme intelligente ne s'était pas occupée de nourrir son esprit pour l'amener à croire ainsi en sa capacité d'atteindre l'opulence.

On ne peut échapper à cette conclusion. Cette histoire n'est qu'une des mille histoires qui prouvent que le moi doit être nourri, organisé, orienté vers des objectifs déterminés, si on veut connaître la réussite.

Ce passe-partout est dans votre main

Voilà, vous connaissez les dix-sept principes de notre philosophie, vous êtes au courant de tout ce qu'il faut pour entrer en possession du passe-partout.

Vous disposez maintenant de toutes les connaissances pratiques des hommes qui réussirent et cela, depuis l'aube de l'humanité.

Vous avez ici une philosophie complète de la vie. Elle répond à tous les besoins. Elle détient le secret de la solution de tous nos problèmes. Nous l'exposons en des termes que chacun sans exception peut comprendre.

Peut-être n'aspirez-vous pas à devenir une célébrité internationale ? Mais, une chose est certaine, c'est que vous pouvez et vous devez aspirer à vous rendre utile. Vous occuperez ainsi autant d'espace dans le monde qu'en désire votre moi.

Tout homme finit par ressembler à celui qui fait la plus forte impression sur son moi. Nous avons tous tendance à imiter. Il est normal que nous tentions d'imiter les héros de notre choix. C'est naturel et c'est sain.

Heureux est l'homme qui choisit pour héros une personne animée par une grande foi : le culte des héros nous communique quelque chose de leur nature.

Résumons, pour conclure, au sujet du moi : il représente le jardin luxuriant de l'esprit; tous les stimuli qui inspirent une foi active s'y développent. Si vous négligez de les développer, sa terre fertile produira les fruits amers de la peur, du doute, de l'indécision qui conduiront vers l'échec.

Il vous revient de décider de l'espace que vous occuperez en ce monde et cela dès maintenant. Le passe-partout vers les richesses se trouve dans votre main. Vous vous tenez devant la dernière porte qui vous sépare des succès auxquels vous aspirez. Cette porte demeurera close, à moins que vous n'exigiez qu'elle s'ouvre. Pour vous servir du passe-partout vous devez faire *vôtres* les dix-sept principes de notre philosophie !

Vous possédez maintenant *une philosophie complète* de la vie qui fournit la solution à tous les problèmes personnels.

Notre philosophie s'appuie sur des principes, dont la combinaison fut responsable de toutes les réussites dans tous les domaines, même si nombre de gens les utilisèrent sans les connaître par leur nom que nous utilisons ici.

Tous les facteurs principaux de la réussite y sont. Notre philosophie les englobe tous, et cela, en des termes accessibles à la majorité.

C'est une philosophie du réel qui n'aborde que rarement les abstractions. Elle ne le fait que lorsque c'est nécessaire. Les termes et les phrases utilisés ne sont pas compliqués, ça n'aurait servi qu'à semer la confusion dans l'esprit des gens.

L'objectif principal de cette philosophie est de vous permettre d'atteindre l'objet de vos désirs, *tant matériels que spirituels*. Ainsi vous prépare-t-elle à jouir de cette vie d'abondance que le Créateur promit à tous.

Elle vous guide vers les richesses au sens le plus large du mot, *au nombre desquelles sont les douze richesses les plus importantes*.

Le monde eut la chance de s'enrichir des grandes philosophies abstraites, depuis Socrate, Platon, Aristote et Copernic, sans compter les autres grands esprits, jusqu'à Emerson et William James.

Le monde possède aujourd'hui une philosophie complète, concrète, de la réussite personnelle. Elle vous enseigne comment vous pouvez vous assurer la maîtrise de votre esprit et comment vous devez l'orienter vers la conquête de la paix, de l'harmonie, de la sécurité et de cette vie plus remplie qu'on appelle le bonheur.

En guise, non d'excuse, mais d'explication, je veux souligner que, si, dans l'analyse des dix-sept principes, nous sommes sans cesse revenu sur les plus importants, ces répétitions n'étaient pas accidentelles !

Nous l'avons fait délibérément. C'était nécessaire, parce que les hommes ont tendance à ne pas prêter l'oreille aux idées nouvelles ou aux interprétations modernes des vérités anciennes.

La répétition était également rendue nécessaire à cause de l'enchaînement de ces principes, de leur interdépendance, de leur chevauchement.

Il faut enfin reconnaître que la répétition des idées est l'un des principes de base de toute pédagogie efficace et de l'art de la publicité. Aussi est-elle non seulement justifiée, mais absolument nécessaire pour tout progrès humain.

Lorsque vous aurez assimilé notre philosophie, vous posséderez une meilleure instruction que la majorité des gens qui sortent de l'université avec un diplôme en sciences humaines. Vous saurez l'essentiel de l'expérience des plus grands hommes que notre pays ait produits, et cela, dans une forme compréhensible et prête à être mise en pratique.

La responsabilité vous en revient. Il ne suffit pas de savoir. C'est *la pratique* qui compte !

10

La discipline

L'homme qui acquiert le pouvoir
sur son esprit s'assure la possession
de tout ce qu'il mérite en ce monde.
Andrew Carnegie

Nous allons maintenant vous révéler comment vous y prendre pour vous assurer la maîtrise de votre esprit.

Nous commençons par une citation d'un homme qui démontra, par son exceptionnelle réussite, la vérité de son affirmation.

Ceux qui le connaissaient le mieux, ses plus proches collaborateurs, disaient que le trait le plus saillant de son caractère résidait dans le fait qu'il s'était assuré, très jeune, la pleine maîtrise de son esprit et n'avait jamais renoncé à son droit de penser librement.

Quelle magnifique réussite ! Qu'il serait doux d'entendre chaque homme dire en son âme et conscience : « Je suis le maître de mon destin, le capitaine de mon âme. »

Voilà ce que voulait, sans doute, le Créateur !

S'il en avait été autrement, ce seul et unique pouvoir n'aurait pas été donné à l'homme, le seul qu'il possède, celui qu'il exerce sur ses propres pensées.

Nous passons notre vie à rechercher la liberté du corps et de l'esprit, et pourtant la majorité d'entre nous ne la découvrons pas. Pourquoi donc ? Le Créateur nous fournit les moyens d'obtenir notre liberté, nous en ouvre l'accès, nous motive profondément à l'atteindre.

Pourquoi donc les hommes élèvent-ils les murs de leur propre prison, alors même qu'ils en ont la clef à portée de leur main ? Cette prison de la misère, de la mauvaise santé, de la peur, cette prison de l'ignorance.

Le désir de la liberté du corps et de l'esprit est un désir universel. Rares sont ceux qui l'atteignent cependant, car la plupart la cherchent loin de sa seule et unique source, *leur propre esprit*.

Le désir des richesses est aussi un désir universel, mais la majorité d'entre nous n'atteindrons jamais ces vraies richesses de la vie, parce que nous ne voyons pas qu'elles commencent dans notre propre esprit.

Les hommes cherchent toute leur vie le pouvoir et la gloire, mais en vain parce qu'ils oublient que la source se trouve dans leur esprit.

Le mécanisme de l'esprit est un sytème complexe de puissance organisée qui ne peut fonctionner que par un seul moyen, *une stricte discipline*.

L'esprit discipliné et orienté vers des objectifs déterminés possède une puissance qui ignore le nom même de défaite permanente. Il transforme l'échec en victoire, en en tirant parti; d'une pierre d'achoppement, il fait un marchepied; il s'accroche aux étoiles et se sert des forces de l'univers pour atteindre ses désirs.

L'homme qui, par la discipline, en est venu à s'assurer la maîtrise de lui-même ne pourra jamais être dominé par les autres !

La discipline, l'une des douze richesses, représente bien plus; c'est un important préalable pour accéder à toutes les richesses : la liberté du corps et de l'esprit, la puissance et la gloire, et tous ces biens matériels que les hommes appellent richesses.

C'est le seul moyen par lequel on peut concentrer son esprit sur le but défini par l'objectif vital pour que la loi de la force d'habitude cosmique s'en saisisse et le traduise en son équivalent matériel.

C'est la clef de *la puissance de la volonté* et des *émotions du coeur*, car c'est grâce à elle qu'elles peuvent être maîtrisées, équilibrées, et orientées vers une fin par *la justesse de la pensée.*

C'est la force qui maintient notre objectif vital.

C'est la source de toute persévérance, le moyen qui nous fait prendre l'habitude de mener nos projets à bon terme.

C'est la puissance qui modèle toutes nos habitudes de pensée, qui les nourrit pour qu'elles soient prises en charge par la loi de la force d'habitude cosmique et menées à leur aboutissement logique.

C'est le moyen qui nous permet de nous assurer *l'entière maîtrise de notre esprit* et de l'orienter vers l'objet de ses désirs.

Elle est indispensable pour commander. C'est la puissance qui nous permet de faire de notre conscience une collaboratrice et un guide, et non une conspiratrice.

C'est notre ange gardien qui assure à l'esprit la maîtrise de toutes ses peurs pour lui permettre d'exprimer la foi.

Elle libère l'esprit pour qu'il puisse donner libre cours à l'imagination et qu'il ait une vision créatrice.

Elle nous libère de l'indécision et du doute.

Elle nous aide à créer et à entretenir la conscience de la prospérité, essentielle à l'accumulation des richesses, et la conscience de la santé nécessaire au maintien de la santé.

Elle agit entièrement par le fonctionnement de l'esprit. Examinons donc son système pour mieux en comprendre les facteurs.

Les dix facteurs du mécanisme de la pensée

Dix facteurs président au fonctionnement de la pensée, certains sont automatiques, d'autres sont orientés par la volonté. *La discipline en est l'élément moteur.*

Voici quels sont ces dix facteurs :

1. *L'intelligence Infinie :* c'est la source de la puissance de la pensée; elle fonctionne automatiquement, mais elle peut être organisée et orientée grâce à la détermination d'esprit.

L'Intelligence Infinie peut se comparer à un grand réservoir d'eau qui déborde en permanence, poussant ses ruisseaux dans toutes les directions et donnant la vie à toutes les créatures et à la végétation. Le ruisseau qui donne la vie à l'homme lui assure aussi la puissance de la pensée.

On peut comparer le cerveau humain à un robinet, et l'eau qui y passe serait l'Intelligence Infinie. Le cerveau n'est pas la source de la puissance de la pensée; *il tient cette puissance de l'Intelligence Infinie et l'applique aux fins que nous désirons.*

Le contrôle et la direction de la pensée, notez-le bien, sont les seules prérogatives dont nous jouissions pleinement. Nous pouvons les employer à bâtir ou à détruire. Nous pouvons les orienter par la détermination d'esprit ou nous pouvons négliger de le faire, le choix est entre nos mains.

Ce grand privilège ne s'atteint que par la discipline.

2. *La conscience*: l'esprit fonctionne dans deux domaines; le premier est la partie consciente de l'esprit et le second, la partie subconsciente. Les psychologues comparent l'esprit à un iceberg: la partie visible, qui dépasse de l'eau, représente le conscient, et la partie invisible, immergée, représente le subconscient. Il est donc évident que la partie consciente de l'esprit, cette portion que nous confions volontairement à la puissance de la pensée, n'est qu'une faible partie d'un tout, environ le cinquième de la puissance de pensée totale.

La partie subconsciente de l'esprit agit automatiquement. Elle poursuit les fonctions nécessaires à la croissance et à la durée du corps; elle assure le fonctionnement du coeur et par le fait même de la circulation du sang; elle assimile les aliments grâce à une chimie parfaite et les distribue au corps sous forme liquide; elle remplace les cellules mortes par de nouvelles cellules; elle détruit les bactéries nuisibles à la santé; elle forme de nouvelles créatures en organisant les cellules du protoplasme (l'élément constitutif des embryons) fournies par les mâles et les femelles.

De nombreuses autres fonctions sont assurées par la partie subconsciente de l'esprit, outre celle de *servir de lien entre la partie consciente de l'esprit et l'Intelligence Infinie.*

On peut la comparer au robinet de la conscience, grâce auquel (en la contrôlant par l'autodiscipline) on peut recevoir une plus grande puissance de pensée. On peut également la comparer à un jardin luxuriant où la semence de toute idée peut être plantée et croître.

L'importance du subconscient tient au fait qu'il est le seul moyen *d'approche volontaire* de l'Intelligence Infinie. C'est donc le canal par lequel passent toutes les prières et leurs réponses.

Il traduit notre objectif vital en son équivalent matériel *grâce à un processus d'orientation qui nous indique comment atteindre naturellement l'objet de nos désirs.*

Le subconscient exerce une action sur toutes les impulsions de la pensée et mène à leur conclusion logique toutes les pensées qui sont formées par la conscience; mais il donne la préférence aux pensées inspirées par des émotions, telles que la peur ou la foi. La discipline est donc nécessaire pour que le subconscient ne reçoive que les pensées et les désirs qui permettent d'atteindre nos objectifs.

Le subconscient donne la préférence aux pensées dominantes de l'esprit, celles que l'on acquiert par la répétition. Ce fait illustre comme il est important d'adopter un objectif vital et de le transformer, par l'autodiscipline, en pensée dominante.

3. *La volonté* : la puissance de la volonté commande à tout l'esprit. Elle est capable d'équilibrer ou de modifier toutes les habitudes de pensée; ses décisions sont irrévocables. Cette puissance soumet les émotions du cœur et ne s'oriente que par l'autodiscipline. On peut la comparer à un président-directeur général, car ses décisions sont définitives. Elle reçoit ses ordres de la conscience, *et ne reconnaît aucune autre autorité.*

4. *La raison* : c'est le juge suprême de la conscience; elle juge tout projet, désir ou idée, à la condition d'être disciplinée. Ses décisions peuvent être cependant écartées par la volonté, ou modifiées par les émotions, lorsque la volonté n'intervient pas. Toute pensée juste, notons-le ici, exige la collaboration de la raison, exigence que ne respecte pas plus d'une personne sur dix mille. Cela explique la rareté de ceux qui pensent juste.

La plupart des pensées sont le produit d'émotions qui ne sont pas dirigées par la discipline, et qui sont sans rapport avec la volonté ni la raison.

5. *Les émotions* : Voilà la source de la plupart des actions de l'esprit, le siège de la plupart des pensées formées par la conscience. Les émotions sont fugaces, instables, et peuvent être très dangereuses si elles ne sont pas modifiées par la raison, sous la direction de la volonté.

Les émotions ne doivent cependant pas être condamnées à cause de leur instabilité, car elles sont la source de l'enthousiasme, de l'imagination, de toute vision créatrice. Orientées par l'autodiscipline, elles nous permettent d'acquérir ces qualités essentielles à la réussite. La volonté et la raison peuvent modifier leur orientation.

Une pensée juste est impossible si l'on ne s'assure pas une maîtrise absolue de ses émotions.

On atteint cette maîtrise en plaçant ses émotions sous le contrôle de la volonté, pour que celle-ci les oriente et, par le pouvoir de la raison, les modifie lorsque c'est nécessaire.

Ceux qui pensent juste n'entretiennent pas d'opinions, ne prennent pas de décisions qu'ils n'aient soumises à l'agrément de la volonté et de la raison. Ils se servent de leurs émotions *en vue d'inspirer la création d'idées grâce à l'imagination*, mais ils raffinent ces idées grâce à leur volonté et à leur raison avant de les accepter définitivement.

Voilà donc la discipline par excellence. Le processus est simple, mais difficile à suivre. Seuls ceux qui pensent juste peuvent le suivre *de leur propre initiative.*

Les plus importantes des douze richesses : 1) une attitude mentale positive, 2) l'harmonie dans les relations humaines, 3) l'absence de peur, 4) l'espoir de réussir, 5) l'aptitude à la foi, 6) un esprit ouvert, et 7) la santé, *ne sont accessibles que par une orientation et un contrôle strict de toutes nos émotions.*

Cela ne signifie pas qu'il faille réprimer les émotions, mais il faut les contrôler et les orienter vers des fins déterminées.

On peut comparer les émotions à la vapeur dans une chaudière; sa puissance réside dans sa détente et sa direction conditionnées par une série de mécanismes. La vapeur non contrôlée n'a pas de puissance et, même contrôlée, elle doit se détendre par un régulateur, système mécanique qui correspond à l'autodiscipline dans son rapport avec le contrôle et la détente de la puissance des émotions.

Les émotions les plus importantes et les plus dangereuses sont : 1) l'émotion sexuelle, 2) l'émotion amoureuse, 3) la peur. *Voilà les émotions qui déterminent la plus grande part des activités humaines.* Les émotions sexuelle et amoureuse sont créatrices. Lorsqu'elles sont contrôlées et orientées, elles nous assurent une imagination et une vision créatrice fantastiques. Si elles ne sont pas contrôlées ni orientées, elle nous mènent à des égarements destructeurs.

6. *L'imagination* : voilà l'atelier où sont façonnés tous nos désirs, idées, plans et projets, ainsi que les moyens de les réaliser. Si on l'emploie correctement, avec discipline, l'imagination peut nous mener à la vision créatrice.

Il en va de l'imagination comme des émotions; elle est instable et fugace, lorsque la discipline ne la contrôle pas. Non orientée, elle dissipe la puissance de la pensée en activités inutiles et destructrices, dont il n'est pas nécessaire de donner ici le détail. *Une imagination débridée produit des mirages !*

Le contrôle de l'imagination commence par l'adoption d'un projet déterminé, par l'esprit de détermination. Ce contrôle exige aussi de strictes habitudes de discipline qui orientent les émotions, car la puissance des émotions suggère à l'imagination de passer à l'action.

7. *La conscience* : la conscience est le guide moral de l'esprit; son objet principal est de modifier nos buts et nos projets pour qu'ils s'harmonisent avec les lois morales de la nature et de l'humanité. La conscience est la soeur jumelle de la raison, car elle éclaire la raison lorsque celle-ci doute.

La conscience ne nous guide qu'en autant que nous la respectons et la suivons. Si nous l'ignorons, si ses injonctions sont rejetées, elle finit par devenir un conspirateur au lieu d'être un guide et justifie souvent nos pires habitudes. La double nature de la conscience demande que nous la dirigions par une stricte discipline.

8. *Le sixième sens* : voilà la station émettrice et réceptrice de l'esprit, qui envoie et qui reçoit automatiquement les vibrations de la pensée. Toutes les impulsions de la pensés que nous appelons intuitions, sont reçues grâce à lui. Il est étroitement lié au subconscient, et en fait peut-être même partie.

C'est par lui qu'agit la vision créatrice, et c'est de lui que nous viennent pratiquement toutes nos idées nouvelles. Il est la qualité principale de l'esprit des « génies ».

9. *La mémoire* : voilà le classeur du cerveau, où sont emmagasinées toutes les impulsions de la pensée, toutes nos expériences, toutes nos sensations communiquées à

l'esprit par les cinq sens. Il est également possible qu'elle emmagasine toutes les impulsions de la pensée communiquées par le sixième sens, mais les psychologues ne s'entendent pas sur ce point.

La mémoire est instable, incertaine, à moins d'être soumise à une stricte discipline.

10. *Les cinq sens*: voilà les « bras » du cerveau. Grâce à eux, il atteint le monde extérieur et en reçoit des informations. On ne peut pas vraiment compter sur eux; aussi doivent-ils être soumis à une discipline constante. Sous l'effet d'émotions intenses, ils se brouillent et s'égarent.

Le moindre tour de prestidigitation les abuse. Ils sont quotidiennement abusés par les expériences de la vie. Soumis à la peur, ils créent souvent des monstres qui n'existent que dans notre imagination; il n'est aucun événement qu'ils ne puissent déformer, exagérer, lorsque la peur les domine.

Le contrôle de nos habitudes de pensée

Voilà donc les dix facteurs qui déterminent toutes les activités mentales de l'homme. L'information sur le mécanisme de l'esprit est assez complète pour que l'importance de la discipline soit reconnue dans son utilisation.

On atteint la discipline par le contrôle de ses habitudes de pensée. Le terme « discipline » se rapporte à la puissance de la pensée uniquement: toute discipline personnelle a son siège dans la pensée, même si ses effets portent sur les fonctions du corps.

Vous êtes où vous en êtes et ce que vous êtes à cause de vos habitudes de pensée !

Vous pouvez contrôler vos habitudes de pensée !

Voilà le seul domaine sur lequel vous pouvez exercer un contrôle absolu; voilà la plus profonde des vérités de la vie, car elle prouve sans contredit que notre Créateur sentit la nécessité de nous donner cette prérogative. Sinon, il n'en aurait pas fait le seul domaine sur lequel nous pouvons exercer un contrôle absolu.

Une autre preuve du désir du Créateur d'assurer à l'homme un droit de contrôle absolu sur ses habitudes de pensée tient dans l'existence de la loi de la force d'habitude cosmique, qui permet de fixer les habitudes, de les rendre permanentes, automatiques, pour qu'elles s'exercent sans effort volontaire.

Nous ne voulons, pour l'instant, que vous faire remarquer le fait que le Créateur de ce mécanisme merveilleux qu'est le cerveau, l'équipa d'un système grâce auquel toutes les habitudes de pensée acquièrent une expression automatique.

La discipline est le principe par lequel on peut façonner volontairement ses pensées pour qu'elles s'harmonisent avec leurs objectifs.

Ce privilège s'accompagne d'une lourde responsabilité, car il est le seul à déterminer la place que chaque homme occupe dans la vie.

Si on néglige ce privilège, en n'adoptant pas délibérément des habitudes qui nous permettent d'atteindre des fins déterminées, *ce sont alors des circonstances hors de notre contrôle qui s'en chargeront*; et elles s'en chargeront souvent très mal !

Tout homme est une somme d'habitudes, certaines créées par lui, d'autres involontaires, composées de ses peurs, doutes, soucis, angoisses, superstitions, envies et haines.

L'autodiscipline est le seul moyen par lequel nos habitudes de pensée peuvent être contrôlées et orientées pour trouver finalement leur expression automatique par le jeu de la loi de la force d'habitude cosmique. Méditez sur cette vérité. C'est la clef de votre destinée mentale, physique et spirituelle.

Vous pouvez créer à volonté vos habitudes de pensée pour qu'elles vous mènent aux objectifs accessibles que vous désirez. Ou bien vous pouvez laisser les circonstances *incontrôlables* de votre existence former vos habitudes de pensée pour vous et vous entraîner, sur le grand fleuve de la vie, vers la rive de l'échec.

Vous pouvez maintenir votre esprit fixé sur ce que vous désirez de la vie et l'obtenir ! Ou vous pouvez l'alimenter avec des pensées de ce que *vous ne désirez pas* et vous l'obtiendrez fatalement. *Vos habitudes de pensée dépendent des aliments que vous donnez à votre esprit.*

C'est aussi certain que la nuit suit le jour !

Éveillez-vous, animez-vous, accordez votre esprit à la vie que désire tant votre coeur.

Donnez toute sa puissance à votre volonté, assurez-vous la totale maîtrise de votre esprit.

Cet esprit, c'est le vôtre ! Ce serviteur vous fut confié pour combler vos désirs. Personne ne peut y pénétrer, ou l'influencer sans *votre assentiment*. Qu'elle est profonde, cette vérité !

Pensez-y, lorsque des circonstances incontrôlables vous irritent. Pensez-y, lorsque la peur, le doute et le souci pénètrent dans votre esprit. Pensez-y lorsque la peur de la pauvreté s'insinue dans votre esprit, alors qu'il ne devrait contenir que la conscience de la prospérité.

Rappelez-vous aussi que cela s'appelle la discipline ! La seule et unique méthode qui nous assure la pleine maîtrise de notre esprit.

Vous n'êtes pas un ver condamné à ramper dans la poussière.

Si vous en étiez un, vous auriez été équipé des moyens physiques pour ramper sur votre ventre et non pour marcher sur vos deux jambes. Votre corps est conçu pour se tenir droit, pour marcher, pour penser et pour atteindre les plus grandes réussites que vous puissiez concevoir. Pourquoi vous satisfaire de moins ? Pourquoi insulter notre Créateur par l'indifférence, en négligeant de faire usage de son don le plus précieux, la puissance de votre esprit ?

Exploitez la puissance inépuisable de votre esprit

Toutes les possibilités de puissance de l'esprit humain sont inimaginables.

L'une des plus grandes énigmes de tous les temps réside dans la négligence des hommes à reconnaître et à exploiter les ressources de leur esprit pour façonner leur destinée terrestre !

L'esprit est génialement équipé d'une voie d'accès à l'Intelligence Infinie grâce à sa partie subconsciente; cette voie d'accès est telle qu'on peut l'ouvrir volontairement grâce à cette disposition d'esprit qu'est la foi.

L'esprit est équipé de l'imagination, grâce à laquelle il peut trouver le moyen de réaliser ses espoirs et ses objectifs.

L'esprit possède cette aptitude stimulante au désir et à l'enthousiasme qui donne vie à nos plans et à nos projets.

Il possède la puissance de la volonté, qui soutient indéfiniment tout plan et tout projet.

Il possède l'aptitude à la foi, à laquelle peuvent se soumettre la volonté et la raison, tandis que toute la mécanique du cerveau s'abandonne à la force directrice de l'Intelligence Infinie; et, grâce au sixième sens, il est capable d'entrer en relation directe avec les autres esprit (principe de cerveau collectif) et peut ajouter à sa propre puissance les forces stimulantes des autres esprits, si efficaces pour l'imagination.

Il possède la capacité de raisonner, de combiner les faits et les théories pour formuler des hypothèses, des idées et des plans.

Il possède le pouvoir de se projeter dans les autres esprits grâce à ce que l'on appelle la télépathie.

Il possède la capacité de faire des déductions, de prédire l'avenir en étudiant le passé, ce qui explique pourquoi les philosophes se tournent vers le passé pour voir l'avenir.

Il possède les moyens de sélectionner, de modifier et de contrôler la nature de ses pensées, ce qui lui assure le privilège de former à volonté son caractère, de le façonner à sa guise, ce qui lui assure aussi le pouvoir de décider du type de pensées qui dominera son esprit.

Il possède un merveilleux système de classement, la mémoire, qui lui permet de recevoir, d'enregistrer et de se rappeler toutes les pensées qu'il a exprimées; ce merveilleux système classe automatiquement les pensées apparentées : il suffit de se souvenir d'une pensée pour se rappeler les autres.

Il possède le pouvoir d'éprouver des émotions qui stimulent le corps à agir dans le sens désiré.

Il possède le pouvoir de fonctionner en secret et en silence, ce qui protège nos pensées en toutes circonstances.

Il possède une capacité illimitée à recevoir, organiser, enregistrer et exprimer des connaissances sur tous les sujets, tant en physique qu'en métaphysique, dans le monde extérieur comme dans le monde *intérieur*.

Il a le pouvoir de contribuer au maintien de la santé, et c'est apparemment la seule source de soins des maux physiques, toutes les autres sources étant accessoires; c'est un système d'entretien parfait et automatique du corps.

Il fait fonctionner un merveilleux système chimique qui assimile les aliments pour le maintien en vie du corps.

Il fait fonctionner automatiquement le coeur; le sang distribue la nourriture à tout le corps et élimine toutes les impuretés et les cellules mortes.

Il fait preuve de discipline et peut adopter toute habitude souhaitable pour que la loi de la force d'habitude cosmique lui donne son expression automatique.

C'est le lieu où l'homme peut communier avec l'Intelligence Infinie par la prière (ou par toute forme de désir, de détermination) en s'en ouvrant la voie d'accès, par le moyen du subconscient, et ceci, grâce à la foi.

C'est le seul et unique producteur de toute idée, outil, machine, invention mécanique créés par l'homme pour se faciliter la vie dans le monde matériel.

C'est la seule source du bonheur et du malheur, de toute pauvreté et de toute richesse; il applique son énergie à l'expression de ce qui le domine par le pouvoir de la pensée.

C'est la source de toute relation humaine; il nous bâtit des amitiés, nous crée des ennemis, suivant la façon dont il est dirigé.

Il a le pouvoir de résister à toute situation, même s'il ne peut pas toujours les contrôler.

Il ne connaît pas de limites dans le cadre de la raison (sauf celles des lois de la nature et celles qu'on accepte par manque de foi!). « Tout ce que l'esprit peut concevoir et croire, il peut le réaliser. »

Il a le pouvoir de changer d'humeur à volonté. Il ne faut donc pas lui infliger un tort irréparable en le décourageant.

Il peut se détendre grâce à l'oubli temporaire du sommeil, se rafraîchir en quelques heures.

Plus il est contrôlé et dirigé par la volonté, plus il est sûr et vigoureux.

Il transforme les sons en musiques qui apaisent le corps et l'âme.

Il peut envoyer le son de la voix humaine à l'autre bout de la planète en quelques secondes.

Il peut faire pousser deux brins d'herbe là où il n'y en avait qu'un.

Il peut construire une presse qui reçoit un rouleau de papier à une extrêmité et produit en quelques instants un livre imprimé et relié à l'autre extrémité.

Il peut créer la lumière à volonté en appuyant sur un bouton.

Il peut transformer l'eau en vapeur et la vapeur en électricité.

L'esprit peut contrôler la température et créer du feu en frottant deux bouts de bois.

Il peut produire de la musique en frottant les poils de la queue d'un cheval contre des cordes faites de boyaux de chat.

Il peut déterminer avec précision toute position en observant les étoiles.

Il peut exploiter la loi de la pesanteur et l'appliquer à faire les travaux des hommes et des animaux de mille et une façons.

Il peut construire des avions qui nous transportent en toute sécurité à travers les airs.

Il peut construire un appareil qui pénètre le corps humain avec des rayons et photographie ses os et ses tissus sans le blesser.

Il est capable de clairvoyance, et peut discerner des objets absents ou invisibles à l'oeil nu.

Il peut déboiser les forêts vierges et transformer les déserts en jardins luxuriants.

Il peut soumettre les vagues des océans pour qu'elles fassent tourner les machines.

Il peut produire du verre incassable et transformer la pulpe du bois en vêtements.

Il peut transformer les échecs en victoires.

Il peut construire des appareils qui détectent les mensonges.

Il peut mesurer la circonférence d'un cercle à partir de son arc.

Il peut fabriquer du caoutchouc artificiel.

Il peut reproduire tout objet sans l'aide de l'oeil grâce à la télévision.

Il peut déterminer la taille, le poids et la composition du soleil, à 150 millions de kilomètres de distance, grâce à l'analyse de ses rayons.

Il peut créer ou œil mécanique qui détecte la présence d'avions, de sous-marins ou de tout autre objet situés à des centaines de kilomètres.

Il peut conserver indéfiniment la nourriture sous emballage hermétique.

Il peut enregistrer et reproduire tout son, y compris la voix humaine, grâce à un appareil et à un morceau de cire.

Il peut enregistrer et reproduire des images mobiles grâce à un morceau de verre et de celluloïd.

Il peut construire des appareils qui vont dans les airs, sur la terre et sous l'eau.

Il peut construire des appareils qui éventrent les forêts les plus épaisses, qui arrachent les arbres comme des brins de paille.

Il peut construire des pelles qui lèvent en une minute plus de terre que ne le pourraient dix hommes en une journée de travail.

Il peut utiliser le champ magnétique des pôles pour déterminer avec précision sa direction grâce à la boussole.

Qu'il est grand, qu'il est puissant, l'esprit humain ! Ses exploits à venir nous feront sourire de ce qu'il a déjà accompli.

Les pensées négatives mènent à l'autodestruction

Pourtant, en dépit des pouvoirs fantastiques de l'esprit, la grande majorité des gens n'essaient pas de s'assurer le contrôle de leur esprit et souffrent de peurs et de difficultés qui n'existent que dans leur imagination.

Le pire ennemi de l'humanité, c'est la peur !

Nous craignons la pauvreté au milieu de l'abondance des richesses !

Nous craignons la maladie, en dépit du système ingénieux de la nature qui veille sur la bonne santé de notre corps.

Nous craignons la critique, alors qu'il n'existe d'autres critiques que celles que nous créons dans notre esprit par un usage négatif de notre imagination.

Nous craignons la perte de l'affection de nos parents et amis, alors même que nous savons que notre conduite suffit à maintenir leur affection dans les circonstances habituelles de la vie.

Nous craignons la vieillesse, alors que nous devrions y voir l'âge d'une plus grande sagesse et d'une meilleure compréhension des choses.

Nous craignons la perte de la liberté, alors même que nous savons qu'elle réside dans des relations harmonieuses avec les autres.

Nous craignons la mort, alors qu'elle est inévitable, hors de notre contrôle.

Nous craignons l'échec, oubliant que tout échec est le germe d'un bénéfice équivalent.

Et nous craignions la foudre, jusqu'au jour où Franklin, Edison et quelques autres hommes exceptionnels qui ont eu le courage de maîtriser leur esprit, ont prouvé que la foudre est une forme d'énergie physique qui peut être exploitée au bénéfice de l'humanité.

Au lieu d'ouvrir, grâce à la foi, notre esprit aux conseils de l'Intelligence Infinie, nous le fermons hermétiquement avec toutes ces limitations, inspirées par des peurs illusoires, que nous lui imposons.

Nous savons que l'homme est le maître de toutes les autres créatures de la terre et nous négligeons d'ouvrir les yeux et de reconnaître, en observant les oiseaux et les animaux de la jungle, que même les animaux stupides ont reçu leur part de nourriture et de biens nécessaires à leur existence grâce à ce plan universel qui rend toute peur dérisoire et vaine.

Nous nous plaignons de manquer de chances pour l'avenir et nous nous en prenons à ceux qui ont le courage de maîtriser leur esprit, oubliant que tout homme qui a un esprit sain a le droit et le pouvoir de s'assurer tous les biens matériels dont il a besoin et qu'il peut utiliser.

Nous craignons la douleur physique, oubliant que la douleur est une langue universelle qui avertit l'homme des dangers et des maux qui doivent être corrigés.

À cause de nos peurs, nous adressons au Créateur des prières sur de petits riens que nous pourrions régler par nous-mêmes; nous renonçons, nous perdons la foi (en supposant que nous l'ayons déjà eue), lorsque nous n'obtenons pas satisfaction, oubliant que notre devoir est de former des prières d'action de grâces pour l'abondance des bienfaits que nous avons reçus grâce à la puissance de notre esprit.

Nous parlons, et nous faisons des sermons sur le péché, en oubliant que le plus grand de tous les péchés est celui de perdre la foi en la sagesse de notre Créateur, qui assure à ses enfants plus de bienfaits que ne pensent à en offrir à leurs enfants les parents terrestres.

Nous transformons les révélations des inventions en instruments de destruction par ce que nous appelons poliment « la guerre », puis nous nous lamentons, lorsque la loi de la compensation nous paie en famines et en dépressions économiques.

Nous abusons de la puissance de l'esprit de façons trop nombreuses pour que nous les mentionnions toutes, en ignorant que cette puissance peut être dominée par la discipline et servir à la satisfaction de nos besoins.

Ainsi traversons-nous la vie : nous mangeons le son et rejetons l'abondance du blé !

L'art de penser juste

Avant de terminer l'analyse de la discipline, le mécanisme même de la pensée, décrivons brièvement, afin d'acquérir l'art de la pensée juste, certains faits et habitudes de pensée connus.

1. *Toute pensée* (positive ou négative, bonne ou mauvaise, juste ou fausse) *tend à trouver son équivalent matériel.* Elle le fait en nous inspirant des idées, des plans, les moyens de réaliser nos ambitions, grâce à des moyens logiques et naturels.

Dès lors qu'une pensée, quelle qu'elle soit, devient une habitude et qu'elle est prise en charge par la loi de la force d'habitude cosmique, la partie subconsciente de notre esprit la mène à sa conclusion logique avec l'aide de tout moyen matériel disponible.

S'il n'est pas littéralement vrai que « les pensées sont des choses », il est exact que toute chose est une création de la pensée, qu'elle est l'étonnante reproduction de la pensée qui l'a façonnée.

Certains estiment que toute pensée déclenche une série infinie de vibrations qui contraignent leur émetteur à s'y conformer, que l'homme est le reflet matériel de ses pensées, mises en mouvement et cristallisées par l'Intelligence Infinie.

Nombre de personnes estiment également que l'énergie mentale est une infime projection de l'Intelligence Infinie captée par le cerveau.

Aucune critique de cette affirmation ne s'est, jusqu'à présent, révélée fondée.

2. *Grâce à l'exercice de la discipline*, on peut influencer, contrôler et diriger la pensée vers un objectif, en adoptant des habitudes volontaires adaptées à la réalisation d'une fin déterminée.

3. *La puissance de la pensée* (grâce au subconscient) *contrôle chaque cellule de notre corps*, restaure et remplace les cellules malades ou mortes, stimule leur croissance, influence le fonctionnement de tous les organes de notre corps, préside à celui-ci par la force de l'ordre et de l'habitude, combat les maladies grâce aux anticorps. Ces fonctions agissent automatiquement, mais nombre d'entre elles peuvent être stimulées par la volonté.

4. *Toutes les réalisations humaines ont leur source dans la pensée* et se manifestent par une action physique. Toute action est inspirée par toutes ou par une des neuf motivations fondamentales.

5. *La puissance totale de l'esprit* agit dans les deux parties de l'esprit, le conscient et le subconscient.

Le conscient est sous le contrôle de l'individu, le subconscient sous celui de l'Intelligence Infinie; il sert d'intermédiaire entre l'Intelligence Infinie et le conscient.

Le « sixième sens » est sous le contrôle du subconscient; il fonctionne automatiquement pour l'essentiel, mais il peut recevoir des instructions du conscient.

6. *Le conscient et le subconscient agissent sous l'influence des habitudes ancrées* et s'adaptent à toute habitude de pensée, qu'elle soit volontaire ou involontaire.

7. *La majorité de nos pensées sont fausses*, parce qu'elles s'inspirent d'opinions personnelles formées sans examen des faits par nos partis pris, nos préjugés et nos peurs ou sous l'effet d'émotions où la raison n'a pas pu intervenir pour les modifier.

8. *La première étape de la pensée juste* (et la discipline est ici essentielle) est de distinguer les faits de la fiction, et des rumeurs. La deuxième étape est de classer les faits (une fois qu'ils ont été établis comme tels) en deux catégories : les faits importants et ceux qui ne le sont pas. Un fait important est celui qui nous permet de nous approcher d'une façon ou d'une autre de notre objectif vital.

Tous les autres faits sont secondaires. La plupart des gens passent leur vie à tirer des conclusions extravagantes qu'ils fondent sur des sources d'information fragiles ou sur des faits sans importance. Ils n'approchent donc jamais de cette forme d'autodiscipline qui exige des faits et destingue les faits importants des faits sans importance.

9. *Le désir, fondé sur une motivation précise, marque le début de toute action mentale volontaire, orientée vers un objectif.*

La présence dans l'esprit de tout désir intense tend à stimuler l'imagination, qui crée alors les moyens d'atteindre l'objet du désir.

Si le désir est entretenu en permanence dans l'esprit (par la répétition), il est pris en charge par le subconscient et mené automatiquement à sa conclusion logique.

Voilà donc quelques-uns des faits les plus importants relatifs au plus profond de tous les mystères, le mystère de la pensée humaine; ils nous indiquent clairement que la justesse de la pensée ne s'acquiert que par la plus stricte des disciplines.

Certains demanderont sans doute : « Où et comment peut-on commencer à pratiquer la discipline? »

Elle commence sans doute en se *concentrant* sur un objectif vital.

Rien d'admirable ne fut jamais accompli sans la concentration.

Comment pratiquer la discipline

La première figure nous présente une description complète des dix facteurs de la puissance de la pensée. Six de ces facteurs peuvent être contrôlés grâce à une discipline personnelle :

1. La volonté
2. Les émotions
3. La raison
4. L'imagination

5. La conscience
6. La mémoire

Les quatre autres facteurs jouent de façon indépendante. Ils ne sont pas sous le contrôle de la volonté, quoique les cinq sens puissent être influencés et dirigés par la formation des habitudes volontaires.

Nous vous présentons, à la figure 2, un schéma des six facultés de l'esprit sur lesquelles on peut exercer la discipline aisément.

Ces facultés sont numérotées selon leur ordre d'importance, bien qu'il soit impossible de décider laquelle est la plus importante, car elles jouent toutes un rôle essentiel dans l'expression de la pensée.

Nous n'avions pas d'autre choix que de placer le *moi*, siège de la volonté, en première position, parce que le pouvoir de la volonté peut contrôler toutes les autres facultés. C'est la « Cour suprême » de l'esprit dont les décisions sont sans appel.

Les émotions occupent la deuxième place, parce qu'il est bien connu que la plupart des gens sont dominés par leurs émotions; aussi viennent-elles juste après la « Cour suprême ».

La raison occupe la troisième place, parce que c'est sous son influence que les actions inspirées par les émotions peuvent s'exercer sans danger. Un esprit équilibré est celui qui accorde sa raison et ses émotions. Cet accord s'obtient généralement grâce à l'autorité de la « Cour suprême », la volonté

La volonté prend parfois ses décisions de concert

FIGURE 1

LES DIX FACTEURS QUI CONSTITUENT LE MÉCANISME DE LA PENSÉE. NOTEZ QUE LE SUBCONSCIENT A ACCÈS À TOUTES LES FACULTÉS DE L'ESPRIT, *MAIS N'EST SOUMIS À AUCUNE*.

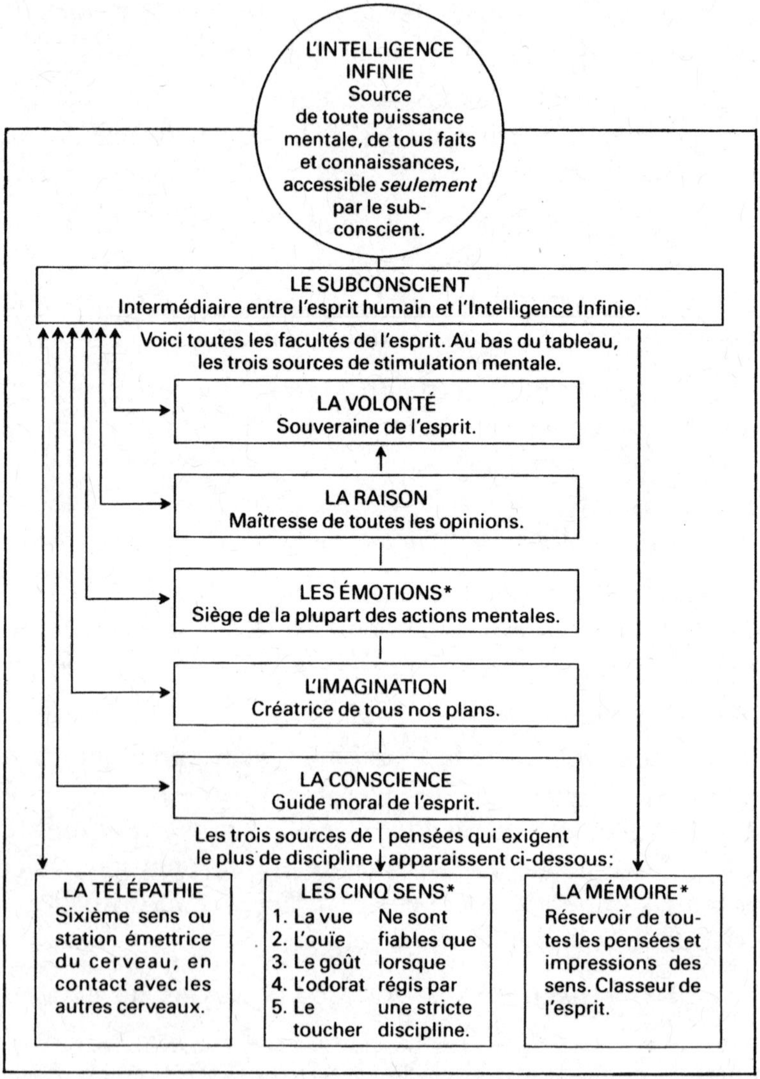

*Ne sont pas toujours sûrs; exigent de la discipline en tout temps.

FIGURE 2

LES SIX FACULTÉS DE L'ESPRIT PAR LEUR ORDRE D'IMPORTANCE, SUR LESQUELLES DOIT S'EXERCER LA DISCIPLINE.

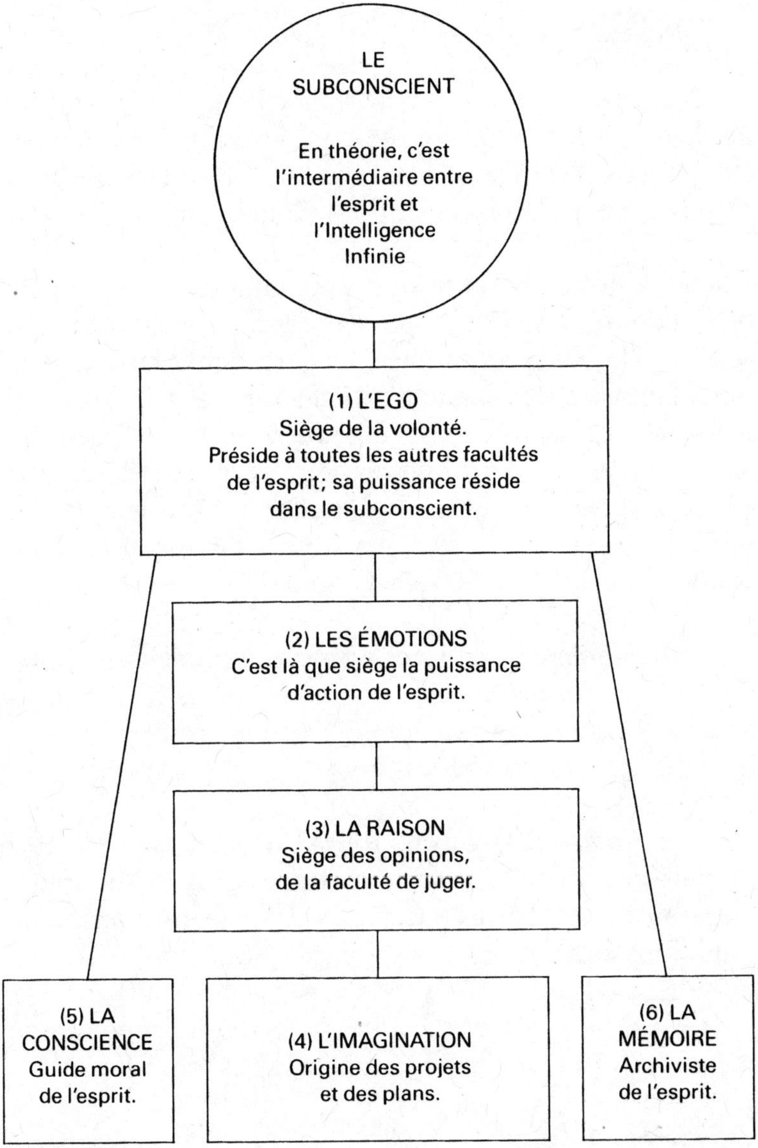

avec les émotions; parfois elle jette tout son poids du côté de la raison, mais elle a toujours le dernier mot; et le côté qu'elle choisit a toujours le dessus.

Quelle merveilleuse mécanique !

L'imagination s'est vu attribuer la quatrième place, parce que c'est la faculté qui crée les idées, les plans et les moyens d'atteindre nos objectifs, lesquels sont tous inspirés par les émotions et la volonté.

Nous pourrions dire que l'imagination joue le rôle de « comité d'action » pour l'esprit, mais elle agit souvent de son propre chef, s'égare dans des explorations fantastiques où elle n'a rien à faire avec la volonté. Lors de ces égarements, elle reçoit souvent le plein assentiment des émotions et leur stimulation, ce qui explique pourquoi il faut soumettre à l'étroit contrôle de la raison tous les désirs nés des émotions, et les faire céder, si besoin est, devant la volonté.

Lorsque les émotions et l'imagination échappent au contrôle de la raison et de la volonté, elles ressemblent à deux garnements qui font l'école buissonnière pour aller se baigner ou jouer dans le jardin du voisin.

Il n'est pas de mauvais tours que ces deux facultés ne puissent jouer ! Aussi exigent-elles plus de discipline que toutes les autres facultés de l'esprit réunies, ne l'oublions surtout pas !

Les deux autres facultés, *la conscience et la mémoire*, sont des parties nécessaires de l'esprit et, même si elles sont importantes, elles appartiennent au bas de la liste. C'est la place que nous leur avons attribuée.

Le subconscient occupe la position dominante, parce qu'il est l'intermédiaire entre l'esprit conscient et l'Intelligence Infinie, grâce auquel toutes les facultés de l'esprit reçoivent le pouvoir de la pensée.

Le subconscient n'est soumis à aucun contrôle, mais il est influencé par les moyens décrits ici. Il agit volontairement, de son propre chef, bien que son action puisse être stimulée par l'intensification des émotions ou par l'intense concentration de la volonté.

Un désir ardent dans la poursuite de notre objectif vital peut stimuler l'action du subconscient et accélérer son fonctionnement.

La relation entre le subconscient et les six autres facultés, présentée à la figure 2 ressemble à bien des égards à celle de l'agriculteur et des lois de la nature qui président à ses récoltes.

L'agriculteur doit accomplir certaines tâches telles que préparer le sol, semer durant la bonne saison, enlever les mauvaises herbes, après quoi son travail est terminé. La nature prend alors le relais, fait germer la semence, la mène à maturité et produit une récolte.

La partie consciente de l'esprit ressemble à l'agriculteur : elle ouvre la voie en formulant des plans et des objectifs, sous la direction de la volonté. Si elle s'acquitte correctement de son travail, si elle se forme une image distincte de ce qu'elle désire (cette image est la semence de notre désir), le subconscient s'empare de cette image, puise dans l'Intelligence Infinie pour y obtenir l'intelligence nécessaire à la traduction de cette image, obtient l'information nécessaire et la présente à la partie consciente de l'esprit sous la forme d'un plan pratique.

À la différence des lois de la nature qui font germer la semence et assurent à l'agriculteur sa récolte en un laps de temps déterminé, le subconscient s'empare de la semence des idées et des projets qui lui sont soumis et fixe son propre moment pour nous soumettre un plan pour les réaliser.

La puissance de la volonté, exprimée par *un désir ardent*, voilà ce par quoi l'action du subconscient peut être accélérée. Ainsi, par la pleine maîtrise de son esprit, par l'exercice de sa volonté, acquiert-on une formidable puissance.

Le fait de maîtriser la puissance de la volonté, pour l'orienter vers une fin déterminée, est une preuve magnifique de discipline. Le contrôle de la volonté demande *persévérance, foi et détermination*.

Dans le domaine de la vente, par exemple, il est bien connu que ce sont les vendeurs chevronnés, et tenaces, qui vendent le plus. La persévérance est un atout capital dans l'assurance-vie.

Cette persévérance, en tout domaine, est une question de rigoureuse discipline !

Cette même règle s'applique à la publicité. Les grands publicitaires mènent leurs activités avec acharnement, pendant des mois, des annés; les experts de la publicité savent que c'est là la seule méthode qui produit des résultats satisfaisants.

Les pionniers qui peuplèrent l'Amérique, lorsqu'elle n'était qu'un vaste pays primitif, fournirent la preuve de ce que peut produire une volonté soutenue.

Plus tard, lorsque les pionniers eurent jeté les premières bases d'une société civilisée, Washington avec sa petite armée de soldats mal équipés et mal nourris redonna la preuve de ce que peut accomplir une volonté soutenue.

Et les pionniers de l'industrie américaine nous donnèrent une autre preuve des bienfaits de la volonté et de la persévérance. Ces hommes qui firent tant pour créer le système américain étaient des hommes disciplinés; ils réussirent grâce à une volonté soutenue.

La carrière d'Andrew Carnegie nous fournit un excellent exemple des bienfaits de la discipline. Il arriva en Amérique en très bas âge et commença dans la vie comme manoeuvre. Il avait peu d'amis; aucun d'entre eux n'avait d'influence ni de richesses. Mais il avait une volonté de fer.

Travaillant comme manoeuvre le jour et étudiant la nuit, il apprit la télégraphie et devint, à la force du poignet, télégraphiste pour les chemins de fer de Pennsylvanie.

Il fit alors une application si efficace de certains des principes de sa philosophie, la discipline en particulier, qu'il attira l'attention d'hommes riches et influents, capables de l'aider à réaliser son objectif vital.

À cette étape de sa carrière, il avait exactement les mêmes avantages que des centaines d'autres télégraphistes, ni plus ni moins. Mais il avait un atout que les autres, apparemment, ne possédaient pas : la volonté de vaincre, une idée distincte de ce qu'il voulait, la persévérance.

Voilà quels furent les fruits de sa discipline !

Les qualités majeures de Carnegie étaient la volonté, la persévérance, une stricte discipline, enfin, grâce à laquelle il contrôlait et orientait ces deux traits de caractère pour atteindre son objectif vital.

En dehors de cela, il n'avait aucun qualité qui ne soit pas possédée par un homme d'intelligence moyenne.

C'est de cette volonté, disciplinée et orientée, que naquit la United States Steel Corporation, qui révolutionna l'industrie de l'acier et fournit des emplois à des masses d'ouvriers aussi bien qualifiés que non qualifiés.

Ainsi pouvons-nous constater que *l'homme qui réussit adopte la discipline dès le départ en vue de poursuivre un objectif déterminé, et qu'il l'exerce tout au long de son entreprise*, en vertu du même principe.

La discipline est une qualité que l'on acquiert par soi-même, et non grâce aux autres ou en lisant un livre. C'est une qualité qui vient *de l'intérieur*, par l'exercice de la volonté, et qui est aussi efficace dans d'autres domaines que dans la direction des affaires.

Lorsque Carnegie déclara que « la volonté est une force irrésistible qui ne connaît pas l'échec », il voulait sans doute dire qu'elle est irrésistible lorsqu'elle est correctement mise en oeuvre et dirigée par la foi vers une fin déterminée. Il voulait certainement souligner, dans l'acquisition de la discipline, l'importance de ces trois principes de notre philosophie :

a) La détermination d'esprit,
b) une foi active,
c) la discipline.

Il ne faut cependant pas oublier que la disposition d'esprit recherchée grâce à ces trois principes peut être mieux et plus rapidement acquise par l'application d'autres principes :

a) Le principe du cerveau collectif,
b) une personnalité agréable,
c) l'habitude de donner de sa personne,
d) l'initiative personnelle,
e) une vision créatrice.

Combinez ces cinq principes avec les trois précédents et vous jouirez d'une source de puissance personnelle fantastique.

La personne qui aborde pour la première fois l'étude de notre philosophie aura peut-être des difficultés à s'assurer la maîtrise de sa puissance de volonté autrement que par étapes, en appliquant ces huit principes.

Il n'existe qu'une seule façon de devenir un maître : il s'agit d'appliquer avec persévérance ces principes, les intégrer à sa vie quotidienne, à ses relations avec les autres, à la solution de tous ses problèmes.

La puissance de la volonté n'entre en jeu que sous l'effet d'une *motivation* constante !

La volonté, comme nos muscles, ne devient forte que par un exercice systématique.

Les hommes qui, par la discipline, ont développé leur volonté, ne renoncent pas, ne perdent pas espoir, contrairement aux autres, devant les difficultés.

Un modeste général passait en revue une armée de soldats fatigués, découragés, qui venaient d'essuyer une défaite au cours de la guerre de Sécession. Il avait, lui aussi, toutes les raisons de s'abandonner au découragement, car les événements tournaient à son désavantage.

Lorsque l'un de ses officiers lui en fit la remarque, le général Grant redressa son visage empreint de lassitude, serra les poings et dit ces paroles fortes : « Nous nous maintiendrons sur nos positions, tout l'été! » Et il se maintint sur les positions qu'il avait choisies. Il est probable que c'est cette seule décision d'un homme, inspirée par une volonté indomptable, qui assura la victoire et le salut de l'Union.

Une école de pensée veut que la force repose sur le droit, une autre que le droit repose sur la force ! Mais les hommes aux idées justes savent que la puissance de la volonté est à l'origine de la force, qu'elle soit juste ou mauvaise, ce que l'Histoire prouve amplement.

Étudiez la vie des grand hommes, quels qu'ils soient, elle vous prouvera que la puissance de la volonté, maîtrisée et exercée avec constance, constitue le facteur déterminant de leur réussite. Vous découvrirez également que ces hommes se sont imposé un régime de discipline plus stricte que celui que les circonstances leur imposaient.

Ils agissent, tandis que les autres dorment !

Ils donnent de leur personne, autant qu'il le faut, jusqu'à ce qu'ils aient offert le meilleur service dont ils soient capables.

Suivez leurs traces pendant une journée entière, et vous y gagnerez la conviction qu'ils n'ont besoin de personne pour les pousser à poursuivre leur entreprise. Ils le font de leur propre initiative, parce qu'ils soumettent leurs efforts à une discipline rigoureuse.

Les compliments peuvent leur faire plaisir, mais ils n'en ont pas besoin pour agir. Ils écoutent les critiques, mais ne les craignent pas : elles ne les découragent pas.

Et, s'il leur arrive de connaître des revers, comme tout le monde, ces revers les incitent à redoubler leurs efforts.

Comme tout le monde, ils rencontrent des obstacles, mais ils s'en servent comme de points d'appui pour atteindre leur objectif.

Comme tout le monde, ils connaissent le découragement, mais ils ferment la porte de leur esprit aux expériences désagréables et transforment leurs déceptions en une énergie renouvelée pour mener leur combat vers la victoire.

Lorsque la mort frappe leur famille, ils enterrent leurs morts et non leur indomptable volonté.

Ils recherchent les conseils des autres, en extraient ce qui leur est utile et rejettent le reste, même si le monde entier critique leur choix.

Ils savent qu'ils ne peuvent pas contrôler toutes les circonstances de leur existence, mais, en restant positifs en toute occasion, ils contrôlent *leur disposition d'esprit et leurs réactions psychiques*.

Comme tout le monde, ils connaissent des émotions négatives, mais ils les contrôlent et les soumettent comme des servantes.

Gardons à l'esprit que la discipline permet d'accomplir deux choses importantes, toutes deux essentielles à toute réussite éclatante. On peut s'assurer, en premier lieu, une entière maîtrise de ses émotions négatives, en les transformant par un effort constructif, et en y trouvant l'inspiration de redoubler d'énergie.

On peut, en second lieu, stimuler ses émotions positives, et les orienter vers la réalisation de ses objectifs.

Ainsi donc, grâce au contrôle des émotions négatives et positives, notre raison et notre imagination ont libre jeu.

La maîtrise de nos émotions s'atteint progressivement, en adoptant des habitudes de pensée qui lui sont favorables. Ces habitudes doivent s'acquérir dans les circonstances les plus modestes de notre existence, car il est vrai, comme le dit un juge de la Cour suprême, que : « Le cerveau est comme la main, il se développe avec l'usage. »

On peut s'assurer une entière maîtrise de chacune des six facultés de l'esprit qui sont disciplinables, mais il faut commencer par les habitudes qui nous permettent de contrôler nos émotions, car il est bien vrai que la plupart des gens sont victimes de leurs émotions. Ils en sont les serviteurs et non les maîtres, car ils ne les ont jamais soumises à un contrôle systématique.

Toute personne qui prend la ferme décision de contrôler les six facultés de son esprit, par une stricte discipline, devrait se fixer un plan précis pour garder son objectif en vue.

Un étudiant de cette philosophie rédigea un acte de foi à cette fin. Il s'y soumit avec tant d'exactitude qu'il y gagna une parfaite conscience de la discipline. Nous vous le présentons ici pour votre avantage.

Il signa ce credo et le répéta à haute voix deux fois par jour, au lever et au coucher. Cette méthode lui permit de profiter du principe d'autosuggestion, de communiquer son objectif à son subconscient, qui entra alors en jeu automatiquement.

Le credo de la discipline

La volonté : Conscient du fait que la volonté représente la Cour suprême de toutes les autres facultés de mon esprit, je l'exercerai quotidiennement, quand j'aurai besoin de me stimuler pour agir; j'adopterai des habitudes telles, que j'exercerai ma volonté au moins une fois par jour.

Les émotions : Conscient du fait que mes émotions sont positives et négatives, j'adopterai des habitudes qui favoriseront la croissance de mes émotions positives et qui m'aideront à convertir mes émotions négatives en des actes utiles.

La raison : Conscient du fait que mes émotions positives et négatives peuvent devenir dangereuses, si elle ne sont pas contrôlées et orientées vers des fins désirables, je soumettrai tous mes désirs, projets et objectifs à ma raison, pour qu'elle me guide dans leur expression.

L'imagination : Conscient de la nécessité de plans et d'idées justes pour la réalisation de mes désirs, je cultiverai mon imagination jour après jour et y aurai recours pour former mes plans.

La conscience : Conscient du fait que mes émotions s'égarent souvent par excès d'enthousiasme et qu'il manque souvent à ma raison la chaleur nécessaire pour mêler le pardon à la justice dans mes jugements, j'encouragerai ma conscience à me guider dans le discernement du bien et du mal, *et je tiendrai toujours compte de ses verdicts*, quel qu'en soit le prix.

La mémoire : Conscient de la valeur d'une bonne mémoire, je stimulerai la mienne en lui confiant toutes les pensées que je veux retenir, et en les associant à tous les sujets connexes auxquels je pense souvent.

Le subconscient : Conscient de l'influence de mon subconscient sur ma volonté, je prendrai soin de lui soumettre une image claire et distincte de mon objectif vital et de tous les projets qui s'y rapportent, lui présentant cette image par une répétition quotidienne.

Signé : ______________________________

La discipline mentale s'acquiert petit à petit par la formation d'habitudes que l'on peut contrôler. Les habitudes ont leurs racines dans l'esprit : la répétition quotidienne de ce credo exercera notre conscience aux types d'habitudes nécessaires à la culture et au contrôle des six facultés de l'esprit.

Le simple fait de répéter les noms de ces six facultés produit un effet important. Il nous rend conscients de leur existence, de leur importance du fait qu'elles peuvent être contrôlées par la formation d'habitudes de pensée et que la nature de celles-ci détermine notre échec ou notre succès en matière de discipline.

Qu'il est beau, le jour où nous reconnaissons que nos réussites et nos échecs tiennent largement au contrôle de nos émotions !

Avant de comprendre cette vérité, il nous faut reconnaître l'existence et la nature de nos émotions, cette puissance dont jouissent ceux qui les contrôlent et dont tant de gens ne tiennent pas compte, de toute leur vie.

Des hommes, aux quatre coins du pays, formèrent une alliance : les Alcooliques Anonymes. Dans toutes nos villes ou presque, ils se réunissent dans un esprit de cerveau collectif. Ils se libèrent, par l'entraide, des maux de l'alcoolisme et leurs succès tiennent du miracle.

Leur seul principe ? La discipline !

Leur remède est le plus puissant que connaisse l'humanité. C'est la puissance de l'esprit humain mobilisé par un objectif spécifique : se sortir de leur alcoolisme.

Voilà un accomplissement qui devrait inciter tous les hommes à découvrir la puissance de leur esprit. Car si l'esprit peut vaincre l'alcoolisme, ce qu'il accomplit bel et bien, alors il peut vaincre *la pauvreté, la maladie, la peur et toutes les limites que nous nous imposons* !

Si les Alcooliques Anonymes obtiennent des résultats, c'est que leurs membres se branchent sur leur autre moi, cette entité invisible qu'est la puissance de la pensée, ces forces de l'esprit humain pour qui rien n'est impossible.

Cette organisation va vivre et s'épanouir, comme le font nécessairement toutes les forces du bien. Elle va bientôt étendre la gamme de ses services et combattre, outre l'alcoolisme, tous les autres maux, la peur, la pauvreté, la maladie, la haine et l'égoïsme.

Bientôt, sans doute, les Alcooliques Anonymes vont adopter les dix-sept principes de notre philosophie et répandre leurs bienfaits sur chacun de leurs membres; sur certains, déjà, elle a produit des résultats stupéfiants.

Tout le monde sait bien que, une fois son ennemi reconnu, il est à demi vaincu.

Ceci est vrai pour les ennemis qui opèrent au sein de notre esprit comme pour nos ennemis extérieurs; et c'est surtout vrai pour ces ennemis que sont nos émotions négatives.

Une fois ces ennemis reconnus, on se met, presque inconsciemment, à adopter, au moyen de l'autodiscipline, des habitudes qui les neutralisent.

Ce même raisonnement vaut également pour les avantages des émotions positives, tant il est vrai qu'un avantage reconnu est un avantage exploité.

Les émotions positives sont bénéfiques : elles font partie de la dynamique même de l'esprit. Mais elles ne nous sont utiles que lorsqu'elles sont mobilisées vers l'accomplissement de fins spécifiques et constructives. Non contrôlées, elles peuvent s'avérer aussi dangereuses que les émotions négatives.

Leur contrôle réside dans la discipline, systématiquement, délibérément exercée par le biais de nos habitudes de pensée.

Prenons pour exemple cette émotion qu'est la foi : La foi, la plus puissante de toutes les émotions, n'est favorable que lorsqu'elle s'exprime dans des actes constructifs, organisés, inspirés par la détermination d'esprit.

La foi, sans actes, est vaine : elle se résume alors à une vague rêverie, à une molle espérance, à des voeux pieux.

La discipline permet de stimuler l'émotion de la foi, grâce à une détermination soutenue avec persévérance.

Cette discipline commence par l'adoption d'habitudes qui favorisent l'usage des ressources de la volonté, car c'est du moi, siège de la puissance de la volonté, que naissent nos désirs. La foi et le désir sont parents.

Là où s'avive un désir, se nourrit une foi, aussi ardente que lui. L'un ne va jamais sans l'autre. Stimulez l'un, l'autre en sera stimulée. Mobilisez le premier par la pratique des habitudes et vous aurez mobilisé la seconde.

Voilà la discipline dans toute sa plénitude.

Disraeli, que certains considèrent comme le meilleur premier ministre qu'ait jamais connu l'Angleterre, dut son accession à ce poste élevé à sa seule volonté, orientée par sa détermination.

Il commença dans la vie comme écrivain, mais ne connut pas un grand succès dans ce métier.

Il publia plus d'une douzaine de livres, mais aucun ne s'attira les faveurs du public. Il tira la leçon de son échec : redoubler d'efforts dans un autre domaine d'activité, rien de moins.

Il entra alors dans la politique, bien décidé à devenir premier ministre du vaste empire britannique.

Il devint membre du Parlement en 1837, mais son premier discours fut considéré par tous comme un échec complet.

Il y vit encore un défi et, bien décidé à ne pas renoncer, redoubla d'efforts. Il devint leader à la Chambre des communes en 1858, puis ministre des Affaires étrangères. C'est en 1868 qu'il réalisa son objectif vital en devenant premier ministre.

Il fut alors en butte à une très forte opposition, sa période d'épreuves, et dut bientôt démissionner; mais, refusant de voir dans ce revers un échec, il prépara son retour et fut réélu premier ministre. C'est alors qu'il devint un grand bâtisseur d'empires, exerçant son influence dans plusieurs domaines.

Sa plus grande réussite fut peut-être l'acquisition du canal de Suez, qui assura d'énormes avantages économiques à l'empire.

La clef de sa carrière fut *la discipline* !

Il l'a donnée en une courte phrase : « Le secret de la réussite, c'est la persévérance! »

Aux prises avec les plus grandes difficultés, Disraeli faisait appel à toutes les ressources de sa volonté. Elle le soutint dans les revers et le conduisit à la victoire.

Voici la pierre d'achoppement de la majorité des hommes !

Ils abandonnent aux premières difficultés; ils reconcent souvent au moment où *un pas de plus* les aurait conduits au triomphe, à la victoire.

C'est lorsque les résistances sont les plus fortes que la volonté est le plus nécessaire. C'est face à elles, petites ou grandes, que l'autodiscipline est utile.

Theodore Roosevelt fournit un autre exemple de ce qui se produit, lorsqu'un homme est animé par la volonté de vaincre en dépit de graves handicaps.

Il souffrit, très jeune, d'asthme chronique et d'une mauvaise vue. Ses amis doutaient qu'il pût jamais retrouver la santé, mais il ne partagea pas leur opinion, car il était conscient de la puissance de l'autodiscipline.

Il partit pour l'ouest des États-Unis, s'associa avec des durs, des ouvriers, et adopta une discipline rigoureuse qui affermit son corps et son esprit. Certains médecins lui dirent que c'était impossible, mais il n'accepta pas leur verdict.

Il atteignit, au cours de son combat pour recouvrer sa santé, une si parfaite maîtrise de lui-même qu'il retourna vers l'est, entra dans le monde de la politique et, animé de la volonté de vaincre, fit son chemin jusqu'à la présidence des États-Unis.

Ceux qui l'ont connu le mieux ont dit que sa qualité principale était cette volonté qui refusait de voir dans l'échec autre chose qu'une raison de redoubler ses efforts. En dehors de cela, ses capacités, son expérience, son instruction n'étaient en rien supérieures à celles des autres hommes, dont le public n'a jamais entendu parler.

Au cours de son mandat, certains officiers supérieurs se plaignirent qu'il leur ait donné l'ordre de se maintenir en bonne condition physique. Pour leur montrer qu'il savait de quoi il parlait, il les entraîna dans une équipée à cheval sur cent soixante kilomètres de mauvais chemins en Virginie et ils durent le suivre tant bien que mal.

Derrière toutes ces activités physiques se cachait un esprit alerte, qui était bien résolu de ne pas se laisser handicaper par les faiblesses du corps, ce qu'attesta son activité à la Maison-Blanche.

Une expédition française avait essayé, sans succès, de percer le canal de Panama.

Theodore Roosevelt déclara alors : « Ce canal, nous le percerons » et il se mit à la tâche, exprimant sa foi par l'action. Le canal fut percé !

La puissance personnelle réside dans la volonté de vaincre !

Et seule la discipline transforme cette volonté en action.

Stevenson eut, dès sa naissance, une santé fragile. Il ne put poursuivre aucune étude sérieuse avant l'âge de dix-sept ans. Sa santé devint si mauvaise que, à l'âge de ving-trois ans, sur le conseil de ses médecins, il quitta l'Angleterre.

Il rencontra alors une femme dont il tomba amoureux.

Son amour pour elle fut si grand qu'il lui donna une nouvelle énergie, une raison d'agir, et, bien qu'il eût à peine la force de marcher, il se mit à écrire. Il enrichit le monde de ses oeuvres, dont tous s'accordent pour dire que ce sont des chefs-d'oeuvre.

Cette même motivation, l'amour, donna les ailes de la pensée à bien d'autres hommes qui, comme Stevenson, contribuèrent au bien de l'humanité. S'il n'avait pas connu l'amour, Stevenson n'aurait sans doute pas apporté une telle contribution au monde. Il traduisit son amour en oeuvres de littérature, grâce à des habitudes de discipline qui lui assurèrent le contrôle des six facultés de son esprit.

Charles Dickens, pareillement, traduisit un drame sentimental dans des oeuvres littéraires qui enrichirent l'humanité. Plutôt que de se laisser abattre par les déceptions de sa première intrigue sentimentale, il noya son chagrin dans des activités littéraires intenses. Ainsi ferma-t-il la porte à une expérience que bien d'autres auraient pu prétexter pour tourner le dos à leur devoir, y trouvant un alibi pour leur échec.

Grâce à la discipline, il convertit son pire chagrin en son atout le plus précieux, découvrant en lui la présence de cet autre moi, de ce génie qu'illustrent ses oeuvres.

Il existe une règle d'or pour la maîtrise des déception et des chagrins; c'est la transmutation de ces frustrations par un travail soigneusement planifié. Cette règle est imbattable.

Le secret de son efficacité ? La discipline.

La liberté du corps et de l'esprit, la sécurité matérielle sont le produit de l'esprit d'initiative manifesté par la discipline. Il n'existe pas d'autre façon de transformer en réalités ces désirs universels.

C'est à vous seul qu'il revient de parcourir le reste du chemin. Si vous avez suivi mes instructions dans l'esprit qu'il faut, le passe-partout est entre vos mains.

Je vais maintenant vous révéler une grande vérité, une vérité capitale : Le passe-partout vers les richesses consiste entièrement dans la plus grande puissance que connaisse l'homme, la puissance de la pensée !

Vous pouvez acquérir le plein usage du passe-partout en acquérant le plein usage de votre esprit grâce à une discipline rigoureuse.

Grâce à elle, grâce à *votre pensée*, vous pouvez accepter ou refuser toutes les situations de la vie !

L'auto-discipline vous permet de maîtriser votre esprit. Votre esprit vous permet de dominer toutes les conditions de votre existence, de transformer tous les malheurs, revers et échecs en atouts équivalents. C'est pourquoi une attitude mentale positive occupe la première position sur la liste des douze richesses de la vie.

Il devrait donc vous être évident que le grand passe-partout vers les richesses n'est ni plus ni moins que la discipline qui vous permet de vous assurer la maîtrise complète de votre esprit !

Mettez-vous en route. Devenez votre propre maître. N'attendez pas ! Libérez-vous à jamais de votre ancien moi qui vous a maintenu dans le malheur et le besoin. Découvrez, épousez votre autre moi, celui qui peut vous offrir tout ce que votre coeur désire.

N'oubliez pas cette profonde vérité : la seule chose sur laquelle vous puissiez exercer un contrôle absolu, c'est votre propre attitude mentale !

Voilà le passe-partout vers les richesses !